The Lessons of History

歴史の大局を見渡す

人類の遺産の創造とその記録

ウィル・デュラント／アリエル・デュラント 著

Will Durant　Ariel Durant

小巻靖子 訳

目次

序文 6
第1章 ためらい 9
第2章 歴史と地球 15
第3章 生物学と歴史 21
第4章 人種と歴史 32
第5章 人の性質と歴史 45
第6章 モラルと歴史 52
第7章 宗教と歴史 62
第8章 経済学と歴史 77

第9章　社会主義と歴史　87
第10章　政治と歴史　102
第11章　歴史と戦争　124
第12章　発展と衰退　134
第13章　進歩は本物か　148
参考文献　163
インデックス　174
著作一覧　175

序文

本書について少しだけ述べておこう。"The Story of Civilization（文明の物語）"で一七八九年までの歴史について論じたが、その後、改訂版をだして、遺漏、事実誤認、誤植などの誤りを訂正したいと考えた。そこで既刊の10巻を再読したが、その過程で私たちは、現在の状況や将来の見込み、人間の性質、国家の行動について考えるうえで有用と思われる出来事や論評を書きとめていった（本文中で"The Story of Civilization"のさまざまな巻を参考文献として挙げているが、それは典拠としてではなく、意味を明確にするための例示や説明として挙げている）。その作業を終えるまで結論を出すことは控えようと努めたが、説明のための資料選びに、私たちのかねてからの意見が影響したことは否めそうにない。そうして完成したのが本書の13のエッセイである。私たちが、あるいは先人が、すでにどこかで述べたことを多数ここでも述べている。まったく新しい考え方を示すのではなく、広く論じることをめざした。新事実を知るのではなく、人類の過去の体験を概観していただければと思う。

今回も娘のエセルにはたいへん世話になった。謝意を表したい。

ウィル＆アリエル・デュラント

第1章

ためらい

歴史家は研究が終わりに近づく頃、こんな疑問をいだく。自分の仕事は何の役に立っているのか。仕事といっても、国や思想の盛衰について詳述し、「王の死という悲しい物語」を新たな切り口で語るのを楽しんでいただけではないのか。人間の本質について、ごく普通の人が本を開かずに学ぶ以上のことを自分は学んできたのか。歴史を研究することで今日の状況に対する理解が深まったのか、よい判断や方針が導きだされたのか、思いがけない事態やめまぐるしい変化への備えができたのか。過去の一連の出来事の中に、人類がこの先どのような行動をとり、国がいかなる運命をたどるかを予測できるような規則性を見出したのか。結局、「歴史は何の意味ももたない[1]」ということだってあり得るのではないか。つまり、歴史は何も教えてはくれない、人は将来、より大きな舞台でより大きな過ちを犯す定めにあり、過去という膨大な時間はそのリハーサルを繰り返すためだけのものだったのではないのか。

私たちは時おりこんな思いになる。歴史家の仕事には多数の疑問がつきまとっている。そもそも、私たちは本当に過去のことを知っているのか、実際に何が起きたかをわかっているのか。それとも、歴史とは「定説」のない「説話」なのか。過去のどの出来事についても私たちの知識は常に不十分で、おそらく不正確でもあり、相反する証拠や見方の偏った歴史家のために事実が曖昧になる。自らの愛国心や信仰心が歪んだ認識を生むこともあるだろう。「歴史の大半は推測であり、残りは偏見だ[2]」。自分の属する国、民族、宗教、階級に肩入れするようなことはしないと考えている歴史家でさえ、本当はひ

(1) Sédillot,René, *L'Histoire n'a pas de sens.*
(2) Durant, *Our Oriental Heritage*, 12.

いき目に見ていることが、資料の選択や形容詞のニュアンスからうかがえる。「歴史家はいつも歴史を単純にとらえすぎる。多数の人物や出来事をとりあげると話が複雑になるので気のりせず、理解もできそうにない。そこで、もて余さない程度の数の事実と人物をさっさと選びだしてしまう[3]」。また、過去に基づいて未来を論じるのは、変化が加速する今、大きな冒険である。一九〇九年にシャルル・ペギーはこう考えた。「イエス・キリストの時代から世界ではさまざまな変化が生じているが、ここ三〇年の変化に比べると、それ以前の変化など大したものではない[4]」。そして、若い物理学の博士なら、今日こう言い添えるだろう。有史以来、物理の世界ではさまざまな変化がみられたが、一九〇九年以降の変化はそれ以前とは比べものにならない、と。毎年――戦時には毎月ということもある――新しい発明品や手法、あるいは状況が生まれ、私たちは行動や考え方の調整を余儀なくされている。さらに、偶然、あるいは自由といった要素が金属の反応や人の行いに関わってくることも考えられる。有機体はもちろんのこと、原子も、過去に考えられて

(3) *Age of Faith*, 979.
(4) *Sédillot*, 167.

いた通りの反応を将来、示すとは言い切れなくなっている。電子は「クーパーの神」〔訳注1〕のように神秘的な方法で動き、不思議な業《わざ》を行うからだ。そして、国家間の力関係が気まぐれや事態の急転によってひっくり返ることだってあるだろう。アレクサンドロスは酒の飲み過ぎで亡くなり、自らの帝国を分裂させた（紀元前三二三年）。一方、フリードリヒ大王は、ロシアの新しい後継者がプロイセンの統治手法に心酔していたおかげで苦境から救われた（一七六二年）。

どう考えても、歴史について書く作業は科学とはいえない。せいぜい、産業、芸術、哲学といったところだろう――真実を追求する産業であり、種々雑多な資料に意味のある秩序を与える芸術であり、広い視野と深い認識を求める哲学である。「現在は過去の集積にほかならない。過去に目を向けることで現在を理解することが可能になる」(5)。私たちはそう信じ、そう願っている。哲学では全体に照らして部分をとらえようとする。「歴史という哲学」では過去に照らして現在をとらえようとする。どちらも理想にすぎないのは

訳注1
イギリスの詩人、ウィリアム・クーパー（1731 ～ 1800 年）は多数の賛美歌を書いた。その一つに「神は実に神秘的な方法で動かれる。くすしい御業を行い、～」という一節がある。

わかっている。全部把握するなど無理な話だからだ。私たちは人類の歴史をすべて知っているわけではない。シュメール文明やエジプト文明の前にも、おそらく多数の文明が存在しただろう。探索は始まったばかりである。私たちは不完全な知識を使って作業を進め、当面は確実性を高めることで満足しなければならない。科学や政治についても言えることだが、歴史において重要なのは相対性であり、公式はどれも信用してはならない。「歴史は、歴史をパターン分けする、あるいは、ある論理の中に収めるといった試みに対していつも冷笑を浮かべる。歴史は一般化を許さず、法則を残らず壊す。歴史は複雑である[6]」。だが、こうした制約はあるものの、おそらく私たちは歴史を学ぶことで、辛抱強く現実に耐え、互いの誤った考えを寛容に受け止めることができるようになるだろう。

人は長い宇宙の歴史における一瞬の存在であり、地球のつかの間のゲスト、ヒトという種の一員、ある人種の中の一人でもある。心と体と個性を備えた、家族やコミュニティの成員で、信仰をもつ人もいればもたない人もい

(5) *The Reformation*, viii.
(6) *The Age of Reason Begins*, 267.

る。経済活動の一端を担い、たぶん民間人か軍人である。そこで、それぞれの点——天文学、地質学、地理学、生物学、人種学、心理学、道徳、宗教、経済学、政治学、戦争——から、歴史が人間の本質、行い、将来について何を教えてくれるかを考えてみたい。これはむずかしい仕事である。百世紀に及ぶ歴史を百ページに収める、そんな冒険をするのは愚か者だけだろう。では、始めるとしよう。

第2章

歴史と地球

歴史は複雑で厄介なものではあるが、過去の出来事、または記録、と定義することにしよう。宇宙の中でとらえると人の歴史はほんのわずかな時間にすぎない。そこで歴史からまず学べることは、人は謙虚であるべきということである。地球にはいつ彗星が大接近しないともかぎらない。そうなると、この小さな星はおかしな回転を始めるかもしれない。人もノミもガスや熱風で窒息するかもしれない。また、太陽の表面が欠け――地球も、天文学的にいえば少し前に、一部が欠けたとする見方がある――地球に落ちてきて、すべての悲しみや苦しみを終わらせることだってあるだろう。私たちはこうした可能性を受け入れながら生きている。そして、宇宙にパスカルのこんな言葉を返す。「人は宇宙に押しつぶされようとも、なお宇宙より高貴だろう。人は自らの死を知っているが、宇宙は自らの勝利を知らないからである」(7)

歴史は地質学の支配下にある。毎日、海がどこかの土地を浸食し、土砂が海に流れ込む。都市は水没し、水の中の大聖堂が哀調を帯びた鐘を鳴らす。山は隆起と崩壊を繰り返す。川は氾濫し、干上がり、流れを変える。谷は砂漠となり、地峡は海峡に変わる。地質学的にみれば地球の表面はどこも流動的で、その上を移動する人間は、水の上を歩いてキリストのもとへ行くペテロのように不安定である。

気候は、もはやモンテスキューやヘンリー・バックルが考えたほど大きな支配力はもたないが、私たちにとって制約となっているのは事実である。人はすばらしいアイデアを生みだして地質学的ハンディキャップを克服してきた。砂漠を灌漑し、サハラ砂漠で空調装置を使う。山を平らにすることも、

(7) Pascal, *Pensées*, No.347.

越えることも可能で、丘をひな壇にしてブドウを植えたりもできる。水に浮かぶ都市を造って海を渡る。巨大な鳥を造って空を飛ぶ。しかし、竜巻は一世紀かけて建設した都市を一時間で破壊する。氷山は水に浮かぶ宮殿を転覆させることも真っ二つにすることも可能で、千人に及ぶ人々が逃れようのない死に向かって沈んでいく。雨がほとんど降らないと、中央アジアのように文明が砂に埋もれる。雨が激しく大量に降ると、中央アメリカのように文明の発展がジャングルに阻まれる。先進地域の平均気温が10℃ほど上昇すると、おそらく人は無気力になり未開状態に後戻りするだろう。亜熱帯地方の人口五億人の国では子どもがどんどん生まれるかもしれないが、暑さに気力を削がれて、気候のもっと厳しい土地からやってくる兵士に繰り返し征服される可能性がある。人は地球を従える方法を徐々に身につけてきた。だが、最後は地中で化石と化す運命にある。

　地理学は歴史の基盤であり、歴史を育む母、歴史をしつける家庭である。人は川、湖、オアシス、海などの近くで定住を始める。水は生き物や町にとってなくてはならないものであり、輸送や交易のための安価な道となるからである。エジプトは「ナイルの賜物」だった。メソポタミアでは「二つの川の間」やその運河沿いに文明が次々と誕生した。インドはインダス川、ブラマプトラ川、ガンジス川が生みだした。中国では大河は命と悲しみの源で、（人と同じように）しばしば川筋を変え、氾濫して肥沃な大地を生みだした。イタリアではテベレ川、アルノ川、ポー川に人が集まった。オーストリアはドナウ川、ドイツはエルベ川、ライン川、フランスはローヌ川、ロワール川、セーヌ川の流域が栄えた。ペトラ、パルミラは砂漠のオアシスによって育まれた。

ギリシア人は人口が増えすぎると、地中海沿岸（プラトンはこれを「池の周りの蛙のように」と形容した[8]）と黒海沿岸に植民地を建設した。二〇〇〇年の間――サラミスの海戦（紀元前四八〇年）からスペイン無敵艦隊の敗北（一五八八年）まで――白人は地中海の北岸、南岸をめぐって争いを続けた。しかし一四九二年以降、コロンブスやヴァスコ・ダ・ガマに刺激され、人は

(8) Plato, *Phaedo*, No.109.

大海に乗りだした。地中海はかつての重要性を失う。ジェノヴァ、ピサ、フィレンツェ、ヴェネツィアが凋落し、ルネサンスの衰退が始まった。大西洋に面した国が力をもち始め、世界の半分を支配した。一七三〇年頃、ジョージ・バークリーは「帝国は西に向かってその歩みを進める」と述べた。帝国は太平洋を渡ってヨーロッパやアメリカの工業技術、商業技術を、以前日本に輸出したのと同じように、中国に輸出するのだろうか。多産な東洋が欧米の最新の技術を採り入れると、西洋は衰退するのだろうか。

航空機の発達も文明の地図を書きかえる。川や海が通商路として利用されることは少なくなっていくだろう。これからは人も物も目的地に向かって飛んでいく。入り組んだ海岸線をもつイギリスやフランスのような国は商業的優位性を失うだろう。海岸線の割に国土が広すぎるロシア、中国、ブラジルのような国は、航空機の利用によってそのハンディキャップを克服できる。商品を船から列車、列車から船に移すというぱっとしないビジネスで収入を得ていた海岸沿いの都市は、もう多くを期待できない。輸送や戦争で大きな役割を果たしてきた海が空にその座を譲るとき、私たちは歴史における基本的大変革の一つを目撃することになる。

技術が発達すると、地理的要素はあまり大きな影響力をもたなくなる。その土地の特徴や地勢によって農業や工業、通商の可能性が開かれるが、その可能性を現実に変えられるかどうかは、リーダーの想像力や先導力、それに続く人々のたゆまぬ努力にかかっている。そして、こうした力の組み合わせだけが（今日のイスラエルにその例を見ることができる）、幾多の障害を克服して文化を生みだすことを可能にする。地球ではなく、人が文明を創るのである。

第3章

生物学と歴史

歴史は生物学の一部である。人は陸や海の生物が経験する変化の流れの中のほんの一幕に登場するにすぎない。夏の日に一人で森の中を歩いていると、飛ぶ、跳ねる、のそのそ歩く、這う、穴を掘るなどしている多種多様な生き物の姿が目に入り、音が聞こえる。近づいていくと動物は急いで逃げていき、鳥は四方へ飛び立ち、小川の魚はちりぢりになる。どの生き物にも公平なこの地球上で人間は存在の危うい少数集団であることに、このとき突然、気づく。そして、一瞬、この自然界において、人はつかの間の侵入者にすぎないのだという思いをもつ。この森の住人も明らかにそう感じている。人の幾多の物語や偉業もすべて、さまざまな生き物の歴史や視点の中でとらえてみると、とるに足らないものである。人間の世界でみられる経済競争や配偶者探し、飢え、愛、悲しみ、戦争は、倒木や落ち葉の下、水の中、あるいは木の上でみられる餌探し、交尾、戦い、苦難と何ら変わりない。

歴史の根本的教訓として私たちが学ぶのは、生物学の法則にほかならない。人はさまざまな試練を乗り越えながら進化の過程をたどっている。生存競争にさらされ、適者しか生存が許されない。争いや試練とは無縁なように思われる人がいたら、それは集団によって守られているからである。だが、その場合はその集団が生存競争を生き抜かなければならない。

したがって、歴史から得られる生物学的教訓は、まず、人生は競争だということである。競争は生きていくうえで必要というだけでなく、命を賭けたものでもある——食料が十分あれば平和だが、食料が不足すると争いが生じる。動物は何のためらいもなく互いの肉を食べる。文明化した人間は適正な法の手続きのもとに相手を破滅させる。協力も確かに存在し、社会の発展とともに強化される。しかし、それは協力が競争のための手段であり、競争の一形態でもあるからだ。私たちは他の集団——家族、コミュニティ、クラブ、教会、政党、「人種」、国家——との競争で強い力が発揮できるよう集団内で協力する。他と競う集団には他と競う個人と同じ特性がみられる。それは所有欲や好戦性、排他性、自尊心である。国は個人の集まりであり、私たちそのものと言える。国は私たちの性質をしっかりと受け継ぎ、私たちがやるのと同じ善行、悪行を大々的なスケールでやってみせる。私たちが物に執着し、強欲で、好戦的なのは、長い年月の間、人は生き残るために獲物を追い、戦い、殺さなければならなかったこと、今度はいつ食事にありつけるのか不安で食べられるだけ食べておかなければならなかったことを私たちの血が記憶しているからである。戦争は国にとって食べるための手段である。戦争は協力を促す。なぜなら戦争は競争の究極の形であるからだ。国はより大きく効果的な相互防衛グループの一員とならないかぎり、狩猟時代の個人や家族と同じような行動をとり続けるだろう。

歴史から学べる第二の生物学的教訓は、人生は淘汰だということである。食べ物や配偶者、権力をめぐる争いで、ある者は勝利し、ある者は敗れる。生存競争では、他より有利に試練に立ち向かえる力を備えた者がいる。自然（ここでは、現実とその成立過程という意味での自然）は、アメリカ独立宣言やフランス人権宣言を注意深く読んでいるわけではない。そのため、人は生まれながらにして自由かつ平等の権利を奪われている。身体面でも精神面でも遺伝に大きく左右され、集団の慣習や伝統に縛られている。健康状態や体力、知的能力や性質といった面で、生まれつき備えているものは人によって大きく異なる。自然は、淘汰や進化に必要な材料として差異を歓迎する。一卵性双生児にも多くの違いがある。まったく同じエンドウ豆は存在しない。

人は生まれながらにして不平等で、文明が複雑になるにつれ不平等は深刻化する。遺伝的な不平等が社会的かつ人工的な不平等を生みだす。発明、発見をするのは常に並外れた能力をもつ者であり、強い者はさらに強く、弱い者は相対的にさらに弱くなる。経済発展は機能の分化を進め、能力の差を明らかにし、集団にとって全員が同じ価値をもつ状況ではなくなっていく。集団の中から30％の人を選びだし、残り70％の人が一体となってこなすのと同じだけの仕事をさせるには誰と誰を選べばよいか――仲間のことを十分知っていればうまく選べる。人生や歴史が行っているのは、まさにこれである。カルヴァンの神〔訳注2〕を連想させるような不当な話だ。

　自由と平等が手をとり合うのを自然がほほ笑みながら見ているというのは、ユートピアでの話である。自由と平等は深い恨みをいだく永遠の敵同士で、一方が栄えると一方が滅びる。人を自由にすると、不平等が幾何級数的に拡大する。自由放任主義のもとにあった一九世紀のイギリス、アメリカがそうだった。不平等の拡大を抑えるには、一九一七年以降のロシアのように自由を犠牲にしなければならない。抑圧の中でも不平等は広がる。経済力が平均以下の者だけが平等を求め、自分の優れた能力に気づいている者は自由を求める。そして最後は能力のある者が意のままにする。平等というユート

訳注２

カルヴァンは、救われる者と救われない者が神の意志によってあらかじめ定められているとした。

ピアは生物学的に滅びる運命にある。私たちが期待できるのはせいぜい、ほぼ平等な裁判と教育機会である。すべての潜在能力を開発して活かすことが認められる社会は、社会間の競争で優位に立つことができるだろう。技術の発達で距離が離れていることが問題にならなくなると、国の対立が強まり、競争が激化する。

第三の生物学的教訓は、生き物は子孫を増やさなければならないということである。どんどん繁殖することのできない生き物は、自然にとって用無しである。質のよいものを選択するための前提条件として自然は量を重視する。多数の子が競い合い、競争に勝ったわずかなものが生き残るのがよいわけだ。無数の精子が一つの卵子を目ざして泳いでいくのを自然は満足げに見ているに違いない。自然は個々の生き物ではなく種のほうに関心があり、文明が発達していようが未開状態であろうが、そんなことは気にとめない。民度の低い社会は概して出生率が高く、民度の高い社会は出生率が低いが、それもどうでもいい話である。自然（ここでは、出産、変異、競争、淘汰、生存の過程という意味での自然）は、出生率の低い国がもっと精力的で生殖力の高い集団に繰り返し鍛えられるよう計らっている。ガリアはカエサルの時代にはローマの軍団、現代においてはイギリス、アメリカの軍団に助けられてゲルマン人の攻撃から生き残った。西ローマ帝国が崩壊すると、ガリアではゲルマン系のフランク人がフランク王国を建設した。イギリスとアメリカが崩壊するようなことがあれば、一九世紀に人口がほぼ横ばいだったフランスは再び侵略されるかもしれない。

人口が増えすぎて食糧不足になったとき、自然はそのバランスを回復するために三つの策を用意している。それは、飢饉、疫病、戦争である。トマス・マルサスは主著『人口論』（一七九八年）で、こうした調整が定期的に行われないかぎり、出生率が死亡率をはるかに上回り、食糧生産を増やしてもとても追いつかないだろうと述べた。マルサスは牧師で善良な人物だったが、貧しい人に福祉金や物資を与えても早婚と多産を助長するだけで、問題が深刻化すると指摘した。そして第二版（一八〇三年）では、生殖目的以外の性交を控えるよう忠告した。しかし、それ以外の方法で産児制限することは認めなかった。この高潔な助言が受け入れられることをほとんど期待しなかったマルサスは、人口と食糧のバランスは将来も過去同様、飢饉、疫病、戦争によって保たれるだろうと考えた。

一九世紀になって農業技術や避妊法が発達したことで、マルサスの予想は外れてしまったようである。イギリス、アメリカ、ドイツ、フランスでは人口の増加に見合った食糧生産が行われ、生活水準の向上で結婚年齢が上がり、家族数が減った。消費者が増加するということは生産者が増加するということでもあった。新しい「手」が新しい土地を開拓して作物を育てた。カナダとアメリカは近年膨大な量の小麦を輸出しているが、国内では飢饉も疫病も起きていない。これがマルサスの説に対する答えといえそうだ。農業に関する現在の知識があらゆる土地で活かされたなら、地球は今の倍の人口を養うことができるだろう。

マルサスが生きていたら、もちろん、それは悲惨な結果を先送りしているにすぎないと言うだろう。肥沃な土地もいつかは痩せる。農業技術が進歩しても、人口が増えればそれまでだ。薬、公衆衛生、慈善によって生存に適さない人々を生かしておくと、そうした人がさらに増え、淘汰が進まない。これに対して希望はこう答える。人口の増加によって世界を脅かしている国々でも工業が発達し、都会化が進み、教育水準、生活水準が向上すれば、ヨーロッパや北アメリカと同じように出生率が低下するだろう。生産と人口のバランスがとれるようになるまでは避妊の知識と方法を広めるのが人間らしいやり方だ。理想を言うなら、性的興奮の副産物ではなく健康であることの特権として、子どもをもつべきである。

避妊が非優生学的である――つまり避妊が行われている国の知的水準を低下させる――という証拠はあるだろうか。避妊をする人はおそらく教育程度の低い人より高い人に多いだろう。そして教育者がどんなにがんばっても、無学な人々がたくさんの子を産むので、その努力は無駄になる。しかし、いわゆる知性の大半は各人の得た教育や経験から生まれるものであり、知性が遺伝するという証拠は見当たらない。親が博士号をもっていようと、その子どもにはやはり教育が必要で、過ちを犯し、独断に陥り、主義主張を振り回すという思春期特有の麻疹《はしか》にもかかる。また、不利な立場におかれた貧しい人々の染色体の中にどれほどの潜在能力や天賦の才が隠れているかも、私たちにはわからない。生物学的に言えば、誕生時には知的な家系であるより身体的活力に満ちているほうが、価値があるかもしれない。ニーチェは、ドイツ最高の血は農民の血管の中を流れていると考えた。哲学者はドイツ民族の生命の源としてふさわしくないわけだ。

避妊はギリシア、ローマの歴史にちょっとした影響を及ぼした。ユリウス・カエサルは子だくさんのローマ人に褒賞を与え（紀元前五九年）、子どものいない女性が駕籠に乗ることや宝飾品を身につけることを禁じた。その四〇年ほど後、アウグストゥスも新たな策を打ち出したが、やはり効果は上がらなかった。上流階級には避妊が広がり続け、一方、ギリシアやゲルマン系の移民はどんどん子どもを産み、イタリアの人口構成を変えた。(9) ローマの住人

(9) *Caesar and Christ*, 193, 223, 666.

が、無能な政府や外敵に抵抗する意欲や能力をみせなくなっていったのは、きっとこのことと関係があるのだろう。

アメリカではアングロ・サクソン人の出生率が低下し、それに伴って経済面、政治面での支配力も弱まっている。カトリック教徒の出生率は高く、二〇〇〇年までにローマカトリック教会は地方や州政府はもちろん、連邦政府でも支配的な力をもつようになるかもしれない。フランス、スイス、ドイツも似たような状況で、カトリシズムが勢いをとり戻している。ヴォルテール、カルヴァン、ルターの国がもうじきカトリックの国に戻る可能性がある。出生率は戦争と同じように、神学の運命まで左右するのかもしれない。サラセン軍がトゥール・ポワティエの戦いで敗れたために（七三二年）、フランスとスペインは聖書のかわりにコーランを読む必要がなくなった。ローマカトリック教徒の優れた秩序、規律、モラル、敬虔さ、そして多産によって、宗教改革とフランスの啓蒙思想はなかったも同然になるかもしれない。歴史はユーモアの達人である。

第4章

人種と歴史

地球上には、およそ二〇億人の有色人種と九億人の白色人種が住んでいる。ジョゼフ＝アルテュール・ド・ゴビノー伯爵が発表した"Essai sur l'inégalité des races humaines（諸人種の不平等に関する試論）"（一八五三～一八五五年）は多くの白人を喜ばせた。人類は体のつくり、知的能力、性質が生まれながらに異なるさまざまな人種からなり（人が一人一人異なるのと同じである）、「アーリア人」という人種がどの人種よりも優れていると書かれていたからである。

科学、芸術、文明において偉大、高貴、あるいは有益といえるものはどれも同じ源、どれも同じ人種から生まれている……それは一つの人種に属し、その分派が世界のあらゆる文明国を統治してきた……文明はすべて白色人種が築き上げ、白人の力がなければ成立しない。社会が輝かしい偉大な存在であり続けるには、その社会を生みだした高貴な集団の純粋な血を守らねばならない。歴史はそう教えている[10]。

文明誕生の理由を環境的優位性に求めることはできない（ゴビノーはさらに続ける）。エジプトやメソポタミアの文明を育てたのと同じような環境（例えば肥沃な大地をつくる大河）は、北アメリカにも見られた。だが、大河沿いのよく肥えた土地で暮らしていた北米先住民が文明を築くことはなかった。また、体制が文明を創るわけでもない。文明はさまざまな体制のもとで——君主制のエジプト、「民主的な」アテネのようにまったく異なる体制の

（10）Gobineau, *Inequality of Human Races*, xv, 210.

もとで誕生する。文明の発生、興隆、崩壊は、その人種の質にかかっている。文明の退化とは、その文明を支える人種や血統の退化である。「人種の退化は、ある人種の血が他の人種の血と混じり合う混交によってのみ生じる」[11]。こうした退化は多くの場合、強い人種が異人種を征服し、その非征服民と結婚することで生じる。アメリカ、カナダの白色人種（先住民と結婚しなかった）がラテンアメリカの白色人種（先住民と結婚した）より優れているのはこのためである。人種の平等について語ったり「人は皆、兄弟だ」[12]と考えたりするのは、混交によって生まれた者だけである。優秀な人々は皆、人種を意識し、異人種との結婚は本能的に嫌う。

一八九九年にはドイツに帰化したイギリス人、ヒューストン・スチュアート・チェンバレンが〝Die Grundlagen des neunzehnten Jahrhunderts〟（一九世紀の基礎）を著した。チェンバレンは、創造的な人種をアーリア人からチュートン人に絞った。「優れた能力をもつこのゲルマン系民族がローマ帝国の継承者となるとき、真の歴史が始まる」。チェンバレンの目には、ダン

（11）Gobineau, *Inequality of Human Races*, 211.
（12）同上 ,36-7.

テの顔が典型的なゲルマン系の顔に映った。使徒パウロの書いたガラテア人への手紙には、まちがいなくゲルマン語の特徴が感じられた。キリストがゲルマン人かどうかは不明だったが、「キリストをユダヤ人だという者は無知か嘘つきかのどちらかだ[13]」と確信していた。ドイツの著作家はチェンバレンの意見に異を唱えたりはしなかった。トライチュケとベルンハルディは、近代世界で最も優秀なのはゲルマン人だと認めた。ワグナーはその理論を音楽で表現した。アルフレート・ローゼンベルクは、ゲルマン人の血と国を「二〇世紀の神話」に仕立てた。そして、アドルフ・ヒトラーはこれを理論的基盤にして、ドイツ人をユダヤ人虐殺とヨーロッパ征服に駆り立てた。

アメリカではマディソン・グラントが"The Passing of the Great Race（偉大な人種の消滅）"（一九一六年）を著し、文明を築いたのはアーリア人の中の「北方人種」――スカンジナビア人、スキタイ人、バルト海沿岸のゲルマン人、イギリス人、アングロ・サクソン系アメリカ人――であると主張した。北の厳しい冬に鍛えられた青い目の「ブロンドの野獣」が征服を繰り返しな

(13) Todd, A. J., *Theories of Social Progress*, 276.

がら、ロシア、バルカン半島を通って怠惰で無気力な南の地方へ進み、有史時代が始まったのだ。グラントによると、「Sacaeという部族（スキタイ人か？）」がインドに侵入し、「インド・ヨーロッパ語」であるサンスクリット語をつくった。そしてカースト制度を設け、肌の色が濃い先住民との混交によって退化が生じるのを防いだ。キムメリオス人はコーカサス山脈を越えてペルシアへ侵入、フリギア人は小アジア、アカイア人、ドーリア人はギリシア、クレタ島、ウンブリア人、オスク人はイタリアに侵入した。どこへ行こうと北方人種は冒険者、戦士であり、規律を重んじた。彼らは南の気まぐれで怠惰な「地中海人種」を臣民または奴隷にした。南北の間に住む、おとなしくて従順な「アルプス人種」と結婚し、ペリクレス時代のアテネ人や共和政期のローマ人を誕生させた。異人種間結婚が最も少なかったドーリア人はスパルタを建国し、「地中海人種」を奴隷にして支配した。アッティカでは異人種間結婚によって北方人種の弱体化、柔弱化が進み、その結果、アテネはペロポネソス戦争でスパルタに破れ、ギリシアは、より純粋な北方人種であるマケドニアと共和制ローマの統治下におかれた。

さらに、スカンジナビアや北ドイツにいた北方人種のゴート人、ヴァンダル人はローマ帝国を征服した。アングル人、サクソン人はブリテン島に渡り、この地をイングランド（アングル人の土地）と呼んだ。フランク人はガリアに侵攻してフランク王国を建てた。その後、ノルマン人はフランス、イングランド、シチリアを征服した。ロンバルド（長い髭）と呼ばれる人々は、イタリアへ侵入して異人種と結婚し、ミラノ、フィレンツェでルネサンスを開花させた。ヴァラング人はロシアを征服し、一九一七年まで統治した。イギリス人は、アメリカ、オーストラリアを植民地にし、インドを征服、アジアのすべての主要な港に歩哨をおいた。

だが今日、北方人種は優位性を失いつつある（グラントはそう嘆いた）。一七八九年にはフランスで地盤が崩れた。カフェで聴衆を前にして、カミーユ・デムーランが述べたように、フランス革命は、クローヴィスやカール大帝が率いるゲルマン系のフランク人に支配されてきたガリア人（アルプス人種）が起こした反乱であった。十字軍、三十年戦争、ナポレオン戦争、第一次世界大戦で北方人種は数が減り、ヨーロッパとアメリカに住む出生率の高いアルプス人種、地中海人種に対抗できなくなっている。二〇〇〇年までに北方人種は支配力を失い、それに伴って西洋文明は消滅、内外のいたる所でバーバリズムが生まれるだろうとグラントは考えた。彼は、地中海人種は北方人種、アルプス人種より身体面で劣るが、知性、芸術の面においては優れていることを認めた。ギリシア、ローマで文化が栄えたのはそのおかげである。とはいえ、それは北方人種との混交に負うところが大きいかもしれないとも述べた。

明らかに人種理論には無理がある。中国人の学者なら、中国が史上最も長命な文明を築いたこと――紀元前二〇〇〇年頃から今日に至るまで、多数の政治家、発明家、芸術家、詩人、科学者、哲学者、聖人を輩出した――を思い出させてくれるだろう。メキシコ人の学者なら、コロンブスのアメリカ発見以前に、マヤ文明、アステカ文明、インカ文明が栄え、壮麗な建造物が造られたことを指摘するだろう。インド人の学者なら、紀元前一六〇〇年頃、「アーリア人」が北インドにいたのは事実だが、南インドでは肌の黒いドラヴィダ人の建築家や詩人が偉大な作品を生みだしていたと言うだろう。マドラス（チェンナイ）、マドゥラ、トリチノポリーの寺院は実に見事な建造物である。そしてさらに驚かされるのが、クメール人が建立したアンコールワットの寺院だ。歴史は色盲なのだ。肌の色に関係なく、文明は（条件のよい環境で）築かれるのである。

人種理論を白色人種に限っても、やはり問題はある。バビロニア、アッシリア、シリア、パレスチナ、フェニキア、カルタゴ、イスラムの文明を築いたのはセム族である。聖書とキリスト教をヨーロッパにもたらしたのはユダヤ人で、ムハンマドはユダヤ人から多大な影響を受けた。西ヨーロッパが暗黒時代にあった頃（五六五〜一〇九五年頃）、イスラム世界は、多数の優れた支配者、芸術家、詩人、科学者、哲学者を生みだし、バグダッドからコルドバまで、白人世界のかなりの領域を征服して繁栄させた。

エジプト、ギリシア、ローマの古代文明が人種ではなく、地理的条件と経済的、政治的発展を基盤に生まれたのは明白で、その起源は東方にある。[14] ギリシアは芸術と文字を小アジア、クレタ、フェニキア、エジプトから採り入れた。紀元前二千年紀にギリシアではミケーネ文明が栄えたが、これはクレタ文明を一部継承したもので、クレタ文明の源はおそらく小アジアである。最初のギリシア文化は、紀元前一一〇〇年頃、バルカン半島を南下してきた「北方人種」のドーリア人に大半を破壊された。しかし、数世紀後には「リクルゴス」のスパルタ、タレスのミレトス、ヘラクレイトスのエフェソス、サッポーのレスボス島、ソロンのアテネで、歴史にとって極めて重要なギリシア文明が芽生えた。紀元前六世紀以降ギリシアは、ドゥラッツォ、タラント、クロトナ、レッジョ・カラブリア、シラクーザ、ナポリ、ニース、モナコ、マルセイユ、マラガなど、地中海沿岸に文化を広めていった。古代ローマ文明は、南イタリアにあったギリシアの都市や、おそらくエトルリアのアジア的文化から生まれた。そのローマから西ヨーロッパの文明が生まれ、西

（14）*Our Oriental Heritage*, 934-38.

ヨーロッパから南北アメリカの文明が生まれた。三世紀に入ると、ケルト人、チュートン人やアジアの部族がイタリアに侵入し始め、古典文化は破壊された。南が文明を創る、北が南を征服して文明を破壊する、北は南から採り入れた文明を広める。歴史をかいつまんで言うなら、このように言うこともできる。

知性と顔立ちや体格を関連づけ、文明と人種について論じる試みはほとんど成果を上げなかった。アフリカの黒色人種が偉大な文明を生みだしていないとしても、それは気候や地理的条件に阻まれたからである。あの環境でも白色「人種」ならもっとうまくやったと言えるだろうか。アメリカではここ一〇〇年の間に多数の黒人が数々の社会的障害を越えて芸術、文学、さまざまな職業で大きな成功を収めるようになった。これは実にすばらしいことである。

歴史における人種の役割は創造ではない。創造のお膳立てをするのが人種の役割である。ある土地へ、さまざまな時代にさまざまな人種が、さまざまな土地からやって来る。そして、有性生殖の過程で二つの異なった遺伝子の集まりが一緒になるように、新たにやってきた二つの人種、あるいは新たにやってきた人種と古くからいた人種の血や伝統、習慣がそこで混ざり合う。これが何世紀も続いていくと、新しいタイプの人種、さらには新しい人間さえ生まれるかもしれない。イングランド人は、ケルト人、ローマ人、アングル人、サクソン人、ジュート人、デーン人、ノルマン人から生まれた。新しいタイプが生まれると、文化も従来のものとは違い、新しい文明――新しい身体的特徴、性格、言語、文学、宗教、道徳、芸術――が形成されていく。文明を創るのは人種ではないが、人を創るのは文明である。地理的、経済的、政治的環境が文化をつくり、その文化が人のタイプを決定する。イングランド人がイングランドの文明を創るのではないが、イングランドの文明はイングランド人を創る。イングランド人がどこへでもイングランドの文明をもち込み、ティンブクトゥのような世界の果てでも正装して夕食をとるとしよう。彼はその土地で新たな文明を創っているのではない。それは、そんな土地に行っても彼がイングランドの文明にしっかりと支配されているということなのである。最初はタイプや伝統に違いがあっても、長い年月のうちに環境の影響が及んでくる。北の人種が熱帯地方で何世代もの間暮らしていると、南の人種に性格が似てくる。のんびりした南から北に移った者の子孫は、北の者のように動作も頭の回転も速くなる。

この視点に立つと、アメリカの文明はまだ人種が混ざり合う段階にあるといえる。一七〇〇～一八四八年にはフロリダより北に住む白色人種は大半がアングロ・サクソン人で、ニューイングランド地方では古いイングランドの文学が花開いていた。だが一八四八年以降、あらゆる白色人種がアメリカに入ってくるようになった。人種の融合が始まり、これはこの先何世紀も続きそうである。ここから新しいタイプの人種が生まれ、独自の言語（スペイン語とイタリア語が異なる程度に英語と異なる言語）をもち、ほかにはない文学や芸術を生みだすかもしれない。すでにその兆しはみられる。

「人種」間の対立は、出身の違いに根ざしていることもあるが、身につけた文化──言語や服装、習慣、モラル、宗教──の違いから生じるケースがほとんどだろう。このような対立を解消するには教育を普及させるしかない。歴史を学ぶと、文明は協力によって生まれるものであり、ほぼすべての人種が文明に貢献してきたことがわかる。文明は人類共通の遺産であり負債である。教育を受けた人はすべての人々を、いかに社会的地位が低かろうとも、文明に貢献する創造的な集団の一つを代表する人物として扱うはずである。

第5章

人の性質と歴史

社会は理想ではなく人の性質を基盤に築かれる。人の性質が変わると、国の性質も変わる。しかし、人の性質とは何だろう。

ここではそれを、人間の基本的な傾向と感情、と定義することにしよう。最も基本的な傾向といえば本能だが、本能については多くの議論がある。人の性質がどのようなものかを説明するために、次のページに「性質の要素」という表を用意した。人間は普通、ポジティブな本能とネガティブな本能を六つずつ「自然」(ここでは、遺伝という意味での自然)から与えられている。

性質の要素

本能		習性		感情	
ポジティブ	ネガティブ	ポジティブ	ネガティブ	ポジティブ	ネガティブ
行動	休止	活動 仕事 好奇心 機敏 考察 革新 秩序	休息 怠惰 無関心 躊躇 夢想 模倣 無秩序	元気 活力 熱心 感嘆 夢中 解決 美的感覚	疲労 無気力 退屈 疑念 虚脱 受容 （美的感覚の）混乱
闘争	逃走	接近 競争 好戦 支配	後退 協力 臆病 服従	勇気 ライバル心 怒り 自尊心	心配 友情 恐れ 劣等感
獲得	回避	食事 蓄積 資産	嘔吐 消費 貧困	渇望 貪欲 所有欲	嫌悪 浪費 不安
連携	単独	コミュニケーション 承認を求める 寛大	孤独 不承認を恐れる 利己的	社交性 うぬぼれ 思いやり	無口 はにかみ 敵意
結婚	（結婚の）拒絶	健全な性行為 求愛	性倒錯 赤面	性的想像 愛欲	性的神経症 慎み
子育て	親への依存	家庭づくり	親への反抗	親の愛	親への恨み

本能は、個人、家族、集団、あるいは種を保存するためにある。ポジティブな人にはポジティブな面が多数みられるが、ほとんどの人はポジティブ、ネガティブ両方の本能を備えている――それによって（気分や状況に応じて）人生の基本的な問題に挑むことも、回避することも、チャンスをものにすることも、見送ることもできる。そしてそれぞれの本能から習性が生まれ、そこに感情が加わる。こうしたものすべてが人の性質である。

だが、人の性質は歴史の中でどれくらい変わったのだろうか。理論的にはいくらか変化したはずである。自然淘汰が生理面はもちろん、心理面にも影響を及ぼしているものと思われるからだ。しかし歴史をみるかぎり、人間の行動にはほとんど変化がない。近代のフランス人はプラトンの時代のギリシア人によく似た行動をする。イングランド人の行動はローマ人の行動に似ている。手段や方法は変わっても、動機や目的は同じままである。行動するのか休止するのか、得るのか与えるのか、戦うのか退くのか、群れるのか一人でいるのか、交わりを求めるのか拒否するのか、子の世話をするのか親を厭うのか、人の姿は変わらない。また、人間の性質はどの階級も同じである。一般的に、貧しい人は富める人と同じ欲求をもっている。ただ、それを満たすチャンスや能力に恵まれていない。反逆者は支配者のやり方をいつも非難するが、それと同じやり方を使って支配者を倒す。これが世の習いである。

有史時代における人の進化は、生物学的進化というより社会的進化であった。それは、種における遺伝的変異ではなく、政治的、経済的、知的、道徳的革新によって生まれたものであり、模倣、慣習、教育によって個人や次世代に伝えられるという形で進んできた。ある集団の慣習、伝統は、種のタイプや遺伝、個人の本能のようなものである。慣習、伝統は繰り返し生じる典型的な状況にはすぐさま適合する。ところが新しい状況が生まれると型にはまらない新たな対応が求められる。したがって、高度な有機体が発展するには実験と革新——社会にとっての変異と突然変異——が必要ということになる。社会は慣習と創造の相互作用によって進化する。

進取の気性に富む者——「偉人」「ヒーロー」「天才」——は、歴史を創る力となる。彼はカーライルの言うような神ではない。その土地、その時代から生まれ出て、偉業をなし、その代弁者となるが、その偉業が彼という人間をつくるのでもあり、彼はそのシンボルとなる。新しいアイデアをもっていてもそれを必要とする状況が生まれなければ、アイデアは役立たない。彼が行動する英雄となるとき、危機は高まり、職責は増し、平時なら引き出されないままになったであろう能力がいかんなく発揮される。しかし、彼は単なる結果ではない。彼の周囲で、そして彼を通して、出来事は起き、彼のアイデアや決定が歴史の流れの中に力強く入っていく。チャーチルのような雄弁さは千の連隊と同じ価値をもつかもしれない。ナポレオンのような先を見通した戦略、戦術は、勝利と国の建設につながるだろう。ムハンマドのような預言者は言葉で恵まれない人々を奮い立たせ、大きな希望と驚くべき力を与えることができる。パスツール、モールス、エジソン、フォード、ライト兄弟、マルクス、レーニン、毛沢東。彼らのような人物は無数の原因によって生みだされ、無限の結果を生みだす。

46ページの表では、革新と対立する要素として模倣を挙げた。しかしこの二つは肝心なところで協力し合う。従順な人々が支配者と団結して社会の秩序を維持するように、模倣をする大多数の人々は革新的な少数の人々に従い、少数の人々は創造性豊かな人物に従って、環境の変化に応じて生き残るための新しい策を講じる。歴史は大きくとらえると、少数者の争いである。多数者は勝者を称え、社会実験の実験台となる。

このため、歴史には知性が不可欠である。だが、知性は社会を破壊する力ともなる。新しいアイデアを一〇〇考えだしたとしても、従来の伝統的なやり方にまさるものは一つあるかないかだろう。どんなに優秀で博識だったとしても、一生の間に社会の慣習や制度を十分理解し、正しい判断のもとにそれを捨て去るのは不可能である。慣習、制度は、歴史という研究室で行われた長期に及ぶ実験に耐え、何世代にもわたって受け継がれてきた知恵だからである。ホルモンの分泌が多い若者は、なぜ性欲を自由に満たしてはいけないのかと考えるだろう。セックスとは炎の川であり、個人や集団がその炎に呑まれないためには多数の制約という堤防を築いて火を鎮めなければならない。慣習、モラル、法律という制約がなければ、大人になってこのことが十分理解できるようになるまでに身を滅ぼしてしまうかもしれない。

変革に抵抗する保守的な人々は、変革を推し進めようとする革新的な人々と同じくらい貴重な存在である――ひょっとしたら、接ぎ木の接ぎ穂より台木のほうが重要なように、保守派のほうが大切かもしれない。新しいアイデアに耳を傾けるのはよいことである。なかには有用なアイデアがあるかもしれない。しかし、新しいアイデアが反対にあって、ひどい言葉を浴びせられるのもよいことなのだ。これは試練であり、新しいものが人類に受け入れられるためには、これを乗り越えなければならない。高齢者が若者に抵抗し、若者が高齢者を刺激するのもよいことだ。この緊張関係が、男女間、階級間の対立と同じように、創造的な強い力を生みだし、進歩を促す。そして人々は気づかないうちに団結して行動するのである。

第6章

モラルと歴史

モラルとは社会の規範である。社会はそのメンバーと関係者に対して、社会の秩序、安全、発展のためにモラルに従って行動するよう強く求める（法律は強制力をもつ規則である）。キリスト教世界でユダヤ人社会は、国家や法律の助けをほとんど借りず、厳格できめ細かなモラルコード（道徳規範）を守ることによって一六世紀もの間、内部の平和を保ちながら存続してきた。

歴史を少しかじってみると、モラルコードの違いが目につく。そして、時代や場所によって異なり、ときには正反対のものさえみられるモラルコードなど無視してよいという気になる。だが、歴史を深く知るとモラルコードの普遍性と必要性が理解できる。

モラルコードが異なるのは歴史的条件、環境条件に対する調整が行われるからである。経済史を三つの段階――狩猟、農耕、産業――に分けて考えてみると、それがよくわかるだろう。狩猟の時代には、男は動物が現れたらすぐに追い、戦い、殺すことができなければならなかった。獲物を手に入れたら、これ以上は無理というところまで食べる。今度はいつ食事にありつけるかわからないからだ。不安は強欲の母である。そして、殺すことができなければ生き残れなかった時代（現在も国家間ではこの能力が試されている）の記憶――この記憶が血の中だけのものにせよ――が残忍性につながっている。男――狩りで命を危険にさらすことが多かった――の死亡率は女より高かっただろう。このため、一部の男は何人もの女を娶《めと》らなければならなかった。多数の子どもが生まれるよう、男たちは多くの女と交わる役割を担った。好戦性、残忍性、強欲さ、強い性欲を備えていれば、生存競争を有利に戦えた。すべての悪徳が、かつては徳――個人、家族、集団の存続に有益な資質――とされた。人間の罪深い行いは、人間の堕落の印ではなく興隆の名残なのかもしれない。

人がいつ狩猟から農耕に移行したのか明確ではないが、おそらく新石器時代のことだろう。野生の小麦の成長を待つだけでなく、穀物は栽培もできることがわかって農耕が始まった。社会が変わると新しい徳が求められ、かつての徳が悪徳に変わる例もあった。勇敢さより勤勉さがより重要になった。暴力ではなく、規則正しくつつましいことがより多くの利益につながった。戦争ではなく平和が勝利をもたらした。子どもは財産で、避妊はモラルに反した。農場では父親の指揮のもと、家族が一緒になって季節に合わせて作業をした。経済を基盤に親の権威が保たれた。息子は通常、すぐに精神的成長を遂げ、独り立ちできるようになった。15歳の頃には農作業を一人前に理解していた。彼に必要なのは土地と鋤《すき》とよく働く腕だった。結婚は早く、性欲を自覚してからそれほど経たないうちに妻を娶った。定住して家庭をもつという新しい秩序の中で婚前交渉にも制約が課されたが、早い結婚のおかげで長く苛立つ必要はなかった。若い女には純潔が求められた。純潔を失うと、未婚の母になるかもしれないからだ。男女の数がほぼ同じだったため一夫一婦制が必要になった。ヨーロッパのキリスト教国家とその植民地では、この禁欲、早い結婚、生涯添い遂げる一夫一婦制と多産という農耕社会のモラルコードが一五〇〇年間守られた。厳格なコードで、これによって史上まれにみる強い精神力をもった人々が生まれた。

産業革命が始まると、ヨーロッパ、アメリカの経済とモラルの形は、初めは徐々に、その後は急速かつ広範囲に変わっていった。男も女も子どもも家から出て機械を据えつけた工場で個人として働き始め、一人一人が賃金を受けとった。家族の結束や親の権威は置き去りにされた。一〇年ごとに機械の数は増し、仕組みも複雑になった。経済的に成熟する（つまり、家族を支える経済力をもつ）のが以前より遅くなった。子どもはもう財産ではない。結婚年齢が上がった。結婚前の節制を求めるのがむずかしくなった。都市は人々を結婚から遠ざけたが、セックスへと駆り立てる刺激や施設はいやというほどあった。女性は「解放」された――つまり、新しい考えをもつようになり、さまざまな避妊法の登場によってセックスを妊娠から切り離すことができた。産業社会には個人主義が広がり、父母の権威を支えてきた経済的根拠が失われた。反抗的な若者は村の監視の目から逃れることができた。都市の匿名性に守られて自分の犯した罪を隠すことができた。科学の発達で、司教杖より試験管のほうが大きな権威をもつようになった。生産の機械化が進み、機械論的唯物論が発展した。教育によって宗教に対する疑念が広がった。モラルは神という支えをどんどん失っていった。農耕時代の古いモラルコードは息絶えようとしていた。

現代はソクラテス（紀元前三九九年没）やアウグストゥス（一四年没）の時代のように、戦争がモラルの低下を助長している。ペロポネソス戦争が始まって暴力と社会的混乱が広がると、アルキビアデスは先人の作り上げたモラルコードをまったく気にかけなくなった。トラシュマコスは、正義とは権力にほかならないと言った。マリウスとスッラ、カエサルとポンペイウス、アントニウスとオクタウィアヌスの戦いが終わると、「ローマは経済的基盤とモラルを失った人々であふれていた。冒険を経験し、殺すことを覚えた兵士、戦争がもたらした税とインフレによって蓄えをなくした市民。……女たちが奔放になり、離婚、中絶、姦通が増えた。……浅学の輩がペシミズム、シニシズムに浸った」(15)。これと似たような状況が第一次、第二次世界大戦後のヨーロッパとアメリカでみられた。

歴史を見渡すと現代人だけが罪深いわけではないことがわかり、少し慰められる思いがする。古代ギリシア、ローマ、ルネサンス期のイタリアでは同性愛が当たり前のようにみられた。「人文主義者は学者らしい愛情を込めて同性愛について書き、ルドヴィーコ・アリオストは、人文主義者は誰もが同性愛者だと考えた」。ピエトロ・アレティーノはマントヴァ公爵に魅力的な少年を送ってくれるよう依頼した(16)。売春は古くから世界中で行われた。アッシリアには国の管理する売春宿があり(17)、西ヨーロッパやアメリカの都市には

(15) *Caesar and Christ*, 211.
(16) *The Renaissance*, 576.
(17) *Our Oriental Heritage*, 275.

現在「ナイトクラブ」がある。ルターによると、一五四四年にヴィッテンベルク大学では「若い女性が大胆になり、男子学生を居室はもちろん、どこまでも追い回し、身を任せて」いた[18]。モンテーニュ(一五三三〜一五九二年)は、彼の時代には風紀を乱すような文学が受け入れられたと述べている[19]。王政復古期のイングランドの劇は現代劇と同じくらい不道徳だった。一九六五年に人気を博したジョン・クレランドの著作『ファニー・ヒル』――正真正銘の性愛小説――は、一七四九年にも同じように人気が高かった[20]。ニネヴェの遺跡の近くではサイコロが見つかった[21]。男や女がギャンブルに興じるのはどの時代も同じである。いつの時代にも男は不実で、政府は腐敗している。たぶん、以前に比べると今のほうがましだろう。一六世紀のヨーロッパの文献は、「食品をはじめとするさまざまな商品に混ぜ物がしてあると訴えていた[22]」。人間は十戒を守ったためしがない。ヴォルテールは、歴史を人間の「罪と愚行と災難の記録」ととらえ[23]、ギボンもこれに同調した[24]。

ここで、記録に残された歴史(人は何と多くの過ちを犯したことか)は、

(18) *The Reformation*, 761.
(19) *The Age of Reason Begins*, 394.
(20) *The Age of Voltaire*, 64.
(21) *Our Oriental Heritage*, 265.

ごく普通の人々が生きてきた歴史とは大きく異なることを、私たちは思い出さなければならない。歴史家は、普段は起こらないような出来事のほうが興味深いので、そちらを記録する。記録からもれてしまった人々が全員歴史書に載り、人数に見合ったページ数を割り当てられれば、私たちは退屈しながらも、もっと正しく人間の過去の姿を知ることができるだろう。戦争、政争、災難、貧困、姦通、離婚、殺人、自殺という血で染まった正面玄関のその奥には、何百万ものきちんとした家庭、愛情に満ちた結婚があり、優しくて情愛が深く、子どもに手を焼きながらも幸せな男女がいる。記録に残る歴史の中にも人間の善良さ、高潔さを示す出来事は多数あり、人が犯した罪を忘れることはできないが、許すことはできる。隣人愛は戦場や刑務所での残忍さをほぼ帳消しにする。歴史をざっとながめただけでも、人の助け合う姿は多数みられる。ファリネリはドメニコ・スカルラッティの子どもを扶養し、何人もが若きハイドンを支え、リッタ伯爵はボローニャで学ぶヨハン・クリスティアン・バッハを資金援助し、ジョセフ・ブラックはジェームズ・ワット

(22) *The Reformation*, 763.
(23) *The Age of Voltaire*, 487.
(24) Gibbon, Edward, *Decline and Fall of the Roman Empire*, I, 314.

に何度も資金を融通し、プフベルクはモーツァルトの度重なる借金の申し込みに辛抱強く応じた。あえて人の善行の歴史を書こうという人はいないのか。

私たちの産業文明は今、社会秩序を求めて農業を基盤としたモラルコードに代わる新たなモラルコードを生みだそうとしている。現在モラルが低下しているのは、この苦しい、あるいは楽しい過渡期にあるからなのだろうか。それとも、モラルの低下は文明衰退の前兆なのだろうか。私たちにはわからない。ただ、確かなのは、文明はゆっくり衰退するということである。ギリシアではソフィスト（訳注3）が現れてモラルの低下が始まったが、その後二五〇年の間、ギリシア文化はすばらしい文学作品、芸術作品を生みだし続けた。ローマでは、紀元前一四六年のギリシア征服後にギリシア人が流入すると、まもなくモラルの「退廃」が始まった。しかし、ローマはマルクス・アウレリウスが亡くなる（一八〇年）まで偉大な政治家、哲学者、詩人、芸術家を輩出した。政治的には、ローマはカエサルが登場した頃（紀元前六〇年）には腐敗しきっていた。しかし四六五年まで異民族に屈することはなかっ

訳注3
紀元前5世紀頃ギリシアで、弁論術や政治、法律などを教えることを職業とした人々。

た。私たちもローマ帝国のようにもちこたえたいものだ。

おそらく、私たちの文明では戦争が起きて軍事教育が行われると規律が回復するのだろう。個人の自由がどこまで認められるかは、全体の安全がどこまで確保されるかによって決まる。海に囲まれていても安全とはいえなくなってきたアメリカ、イギリスでは、個人主義が衰退していくだろう。セックスは行き過ぎると、自然に揺り戻しが生じるかもしれない。子どもは放任されているが、将来、つつましさがはやる時代が来ないともかぎらない。そうなると、ヌードより服を着ているほうが刺激的だ。しかし、モラルに縛られないのはありがたいことでもある。神学の恐怖から解放される。自分も他人も傷つけない娯楽を誰にもはばからず楽しむ。そして解放された肉体を外気にさらすのは、何と心地のよいことか。

第7章

宗教と歴史

懐疑主義的な歴史家でも宗教には敬意を払う。どんな土地、どんな時代でも宗教は機能し、不可欠なものにさえ思えるからである。不幸な人、苦しんでいる人、身内を亡くした人、老いた人は、宗教から超自然的な慰めを得、数えきれないほどの人々がそれをこの世界でのどんな助けよりもありがたいものだと感じている。宗教は、親や教師が子どもをしつけるのにも役立ってきた。宗教は社会の底辺にいる人々にも存在意義と尊厳を認め、儀式を通じて人と人ではなく、神と人とが契約を結ぶことで、社会は安定した。宗教のおかげで富める者は貧しき者に殺されずに済む（とナポレオンは言った）。不公平な世の中で多くの人が貧困、挫折に追い込まれるが、こんなとき絶望しないためには神を信じて希望をもつしかない。その希望を打ち砕くと、階級闘争が激化する。天国とユートピアは井戸に吊り下げられた二つの桶のようなものである。一方が下がると、もう一方が上がる。宗教が衰退すると、共産主義が台頭する。

宗教は、初めはモラルとは何の関係もなかったようである。「最初に神を創りだしたのは恐怖だった[25]」ようだ（これは私たちの推測にすぎない。ペトロニウスが同じ見方をし、その前にルクレチウスも同じようなことを言った）――大地や川、海、木々、風、空の隠された力を人々は恐れた。こうした力を恐れ、捧げ物、生贄、呪文、祈りによってその力を鎮めるのが宗教だった。モラルや法を支えるために聖職者がこの恐怖や儀式を利用したときから、宗教は国にとって不可欠であり、さらにはライバルともいえる存在になった。モラルコードと法は神の言葉であると宗教は人々に告げた。トト神はエジプ

（25）*Caesar and Christ*, 296-97.

トのメネス王に法を授けた。シャマシュ神はバビロニアにハムラビ法典を、ヤハウェはユダヤ人のためにモーセに十戒と六一三の戒律を、ニンフのエゲリアはローマのヌマ・ポンピリウスに法を与えた。キリスト教でも異教でも、地上の支配者は神に任命され、神に守られているのだと説いた。ありがたいことに、ほぼすべての国で聖職者は土地やお金を分け与えられた。

宗教は本当にモラルを高めたのか、そんな疑問をいだく人もいる。宗教が大きな力をもっていた時代にも不道徳な行いは後を絶たなかったからである。確かに中世にも、好色、大酒、下品、強欲、不正、強盗、暴力といったものが存在した。しかしモラルの低下は五〇〇年に及ぶ異民族の侵入、戦争、経済の疲弊、政治的混乱などから生じたもので、キリスト教の倫理や聖職者による説教、聖人という手本、人々をなだめ絆を深める儀式がなければ、状況はさらに悪かっただろう。ローマカトリック教会は、奴隷が減り、家族の不和や国の争いが解消し、長く平和が続き、決闘裁判や神明裁判（訳注４）ではなく裁判所の判断によって裁きが下されるよう尽力した。また、ローマや他

訳注４
容疑者を熱湯に触れさせるなどし、その反応で有罪、無罪を決定する裁判法。

の民族の法で定められた刑罰をもっと軽いものにし、慈善事業を拡大した。

ローマカトリック教会は国のために尽くしたが、権力よりモラルのほうが上なので、教会はどの国よりも上の地位にあると主張した。そして人々に対しては、神への高い忠誠心を伴わない愛国心は強欲や犯罪の道具として使われかねないと教えた。教会はキリスト教世界のすべての国を一つの道徳律で治めた。神聖な精神的支配者であるカトリック教会は国際裁判所であり、すべての国の支配者が道徳的にこれに従わなければならないと主張した。神聖ローマ帝国の皇帝ハインリヒ４世はカノッサで教皇のグレゴリウス７世の許しを乞い（一〇七七年）、教会のこの主張を認めることになった。その一世紀後、教皇イノケンティウス３世は教皇の地位と権威をさらに高め、グレゴリウス７世が理想としたモラルの超大国が実現したかに思われた。

だが、この壮大な夢は、ナショナリズム、懐疑主義、人間の弱さによって破られた。教会に配置されているのは人間で、彼らはよくひいきをしたり、賄賂で動いたり、賄賂を要求したりした。フランスは富と力を増し、教皇を政治的手段として利用した。諸国の王は、教皇への忠誠を誓うイエズス会を解体するよう教皇に強要した。教会はありがたい物語や偽の聖遺物、怪しげな奇跡をもちだして、人々を欺いた。「コンスタンティヌス帝の寄進状」は、教皇シルウェステル1世（在位三一四〜三三五年）に西ヨーロッパを寄進するという内容のもので、教会はこれを何世紀にもわたって利用してきた。「偽イシドール教令集」（八四二年頃）には強大な教皇権を擁護するための偽文書が収められていた。[26] カトリック教会はモラルより自らの正当性を高めることに多くのエネルギーを費やすようになった。異端審問は教会の名を落とした。平和を説きながら、一六世紀フランスの宗教戦争、一七世紀ドイツの三十年戦争を煽った。近代に入るとモラルは大いに向上——奴隷制の廃止——したが、教会の果たした役割は小さなものにとどまった。人道主義的運動の先頭に立ったのは哲学者であり、私たちの社会は以前ほど罪深い状態ではなくなった。

人間の多くが奇跡や神秘、物語に満ちた宗教を望んでいると考えるなら、

(26) *The Age of Faith*, 525-26.

カトリック教会は正当化できる。教会は、儀式や聖服、司教の権限を少し修正することは認めてきたが、教義を理性に適うようなものに変えることはしない。そうすると、神から慰めと力を得、それを希望に結びつける数多くの人々を傷つけ、幻滅させるからだ。教会がモラル面で果たしてきた役割を担えるものがほかにないことを哲学者が認め、信教の自由、知的自由を教会が認めないかぎり、宗教と哲学が折り合いをつけることは不可能である。

神を信じることを、歴史は支持しているだろうか。神という語が自然のもつ豊かな創造力ではなく、知的で慈愛に満ちた至高の存在を意味しているなら、残念ながら答えはノーである。生物学同様、歴史とは基本的には適者が生き残る自然淘汰であり、善良だからといって有利に扱われるわけではなく、多数の不運に見舞われ、最後は生存能力が試される。人が行う犯罪、戦争、残虐行為に加え、世界では、地震、嵐、竜巻、疫病、津波などの「神の業」が繰り返し人や生き物を襲うが、これは誰にでも起こりうる災害である。人はたまたま生じた場面に神の秩序や輝き、美、崇高さを勝手に見出しているにすぎない。もし歴史が特定の神学理論を支持するなら、それはゾロアスター教やマニ教のような二元論だろう。善なる霊と邪悪な霊が宇宙や人の魂の支配権をめぐって戦う。これらの宗教やキリスト教（基本的にはマニ教的である）では、最終的には善が勝利すると説かれた。だが、歴史はこれを保証してくれない。自然と歴史は善悪のとらえ方が私たちと違う。生き残るものが善、滅びるものが悪なのである。そして、宇宙はチンギス・ハンよりキリストに肩入れするようなことはしない。

人間が宇宙の中でいかに小さな存在にすぎないかわかってくると、信仰はさらに損なわれた。キリスト教世界における信仰の衰退はコペルニクス（一五四三年没）の時代に始まったといってよいだろう。衰退はゆっくりと進行したが、一六一一年にジョン・ダンは、地球は宇宙の「はずれ」にすぎなくなり、「新しい哲学がすべての人を懐疑的にしている」と嘆いた。フランシス・ベーコンは聖職者に敬意を払いつつ、科学は解放された新しい人々の宗教であると述べた。この時代に「神の死」が始まり、信仰心は薄れていった。

宗教の重要性が低下した理由は、科学や歴史の知識が広まったこと以外にも多数あった。まず、宗教改革。プロテスタントは個人の判断の自由を認めた。その後さまざまな宗派が生まれ、それぞれが聖書と理性の両方に適う教理を展開した。聖書が批判の対象となり、それは誤りを犯しやすい人間がまとめ上げた不完全な書物にすぎないと言われた。イギリスでは理神論が生まれ、神は自然とほとんど変わりない存在となった。他の宗教についても知るようになると、キリスト教の誕生以前からあった多数の宗教でキリスト教とまったく同じような話が語られていることがわかった。プロテスタントはカトリック教会の「奇跡」を否定し、理神論は聖書の奇跡を否定し、宗教の歴史の中で行われた不正や異端尋問、大虐殺が暴かれた。工業が農業にとって代わり――農業の時代には、生命の復活と成長の神秘が人々の信仰心につながった――毎日祈りのかわりに機械の音が流れるようになった。ピエール・ベールにみられるような懐疑主義、スピノザが主張したような汎神論の思想が大いに発展し、フランスの啓蒙思想はキリスト教を激しく攻撃した。フランス革命でカトリック教会は排斥された。そして今日、戦争で多くの市民が無差別に殺されている。科学技術は、すばらしい勝利を収めて人間に無限の力と破壊をもたらし、天の支配者に挑んでいる。

キリスト教によって道徳性を身につけたキリスト教徒が、伝統的神学の復讐心に燃える神にもう耐えられなくなった。キリスト教は自らの首を絞めたようなものだった。教育を受けた人々の頭から地獄という概念は消え去り、説教台で地獄について語られることもなくなった。長老派教会員はウェストミンスター信仰告白を恥じた。善行を積もうが罪を犯そうが、地獄に落ちる者はあらかじめ決まっている、地獄に落ちるとわかっている無数の男女を誕生させた神を信じると誓うとは一体どういうことなのか、というわけである。システィーナ礼拝堂を訪れた教養あるキリスト教信者はミケランジェロの描いたキリストを見て衝撃を受けた。キリストが呪われた者たちを永遠の火の中に次々と落としているのだ。これが子どもたちの心に訴えた「優しいイエス、従順で穏やかな」姿だろうか。ギリシア人のモラルが向上し、けんか好きでふしだらなオリンポスの神々への信仰が薄れたように（プラトンは「人の中には神の存在をまったく信じていない者がある程度いる」と述べた[27]）、キリスト教倫理の発達でキリスト教神学は少しずつ損なわれていった。キリストがヤハウェを滅ぼしたのである。

教会と世俗の組織の交代は、産業革命が最終的にもたらした重大な変化だった。国が神学の力を借りずにやっていくというのは非常に重要な実験の一つで、私たちを今でも戸惑わせる。法律は、かつては神に任命された王の命令だったが、現在は、率直に言って、誤りを犯しがちな人間の支離滅裂な命令となってしまっている。教育は神から霊感を得た聖職者が果たす神聖な務めだったが、今教育を行うのは祭服も畏怖の念ももたない男女である。彼らは理性に基づいて、警官以外は怖いものなしで、ひょっとしたら何も学ばないかもしれないような反抗的な若者をなだめすかしながら教えている。以前は教会と関係の深かった大学が、今はビジネスマンや科学者と結びついている。人々の心には教義やモラルコードの代わりに愛国心、資本主義、ある

(27) Plato, *Laws*, No.948.

いは共産主義が植えつけられようとしている。ホーリーデイ（聖日）よりホリデイのほうが大切にされるようになった。映画館は日曜日でさえ満席で、教会は日曜日でさえ半分席が空いている。アングロ・サクソン人の家庭では、社会の習わしが宗教であり、それに従ってさえいれば大丈夫である。アメリカのカトリック教徒の家庭は信仰心が強い。フランス、イタリアの上・中流階級では、教養は横において女性の処女性が重んじられる。古代ギリシアではソフィストが登場して人々が教化されると宗教が廃れたが、キリスト教も今、同じ道を歩んでいるのは明白である。

カトリシズムが生き残っているのは、人々の想像力、希望、感覚に訴えかけるからである。さまざまな物語が貧しい人々を慰め、生活を明るくする。信仰心の篤い人々は多産で、それが宗教改革で失った地盤の回復につながっている。知識人はカトリック教会から離れ、世俗の教育や文学と接触した人が改宗する例も増えている。しかし一方で、理性の不確かさに嫌気がさした人、社会の乱れや共産主義の波を教会が食い止めてくれるのではないかと期待する人がカトリックに改宗している。

世界大戦がもう一度起きて西洋文明が崩壊すると、都市が破壊され、貧困が広がり、科学が面目を失う。教会は、四七六年に西ローマ帝国が崩壊したときと同じように、大変動を生き延びた人々の唯一の希望、唯一の道しるべとなるだろう。

歴史をみてわかるのは、宗教はいくつもの命をもち、繰り返し復活するということである。神と宗教は、過去に何度死と再生を経験したことか。アメンホテプ4世はファラオの力を最大限使ってアモン信仰を否定した。だが、彼の死後1年たたないうちにアモン神は復活した(28)。ブッダが若かった頃、インドでは無神論がはやっていた。ブッダは神のいない宗教を見出した。しかし彼が亡くなると、仏教は神や聖人、地獄を含む複雑な体系を築いた(29)。哲学、科学、教育の発達で古代ギリシアの人々は信仰から遠ざかったが、再生の物語を多数もつオリエント世界のさまざまな信仰が入ってきた。ジャック・ルネ・エベールとピエール・ガスパール・ショーメットはヴォルテールを誤っ

(28) *Our Oriental Heritage*, 205-13.
(29) 同上 , 416-19, 434, 504.

て解釈し、一七九三年にパリで無神論の立場をとる「理性の崇拝」を生みだした。その1年後、ルソーの影響を受けたロベスピエールは混乱を恐れ、「至高の存在」を崇拝の対象とした。一八〇一年、歴史に精通したナポレオンはピウス7世と政教条約を結び、フランスとカトリック教会の関係を修復した。一八世紀のイギリスは無宗教だったが、ヴィクトリア朝に入るとキリスト教と和解した。国が教会の上に立ち、教会区司祭は大地主に従属するという暗黙の了解のもと、国は国教会を支えることに同意し、知識階級は懐疑的態度を控えることにした。アメリカでは一九世紀に信仰復興運動が起き、建国の父の合理主義が信仰に変わった。

厳格主義と快楽主義（気持ちや欲望の抑圧と表出）は歴史の中で交互に生じている。一般的に、法の力が弱くモラルによって社会秩序を維持しなければならないとき、宗教と厳格主義が勢いを得る。一方、法と政治が力を増し、教会、家庭、モラルの力が社会の安定を脅かさない程度に落ちるとき、懐疑主義と快楽主義が広がる。現在は国が力を得、信仰心とモラルが低下していることから、快楽主義が幅を利かせている。そして、おそらくこれが行き過ぎると、また別の反応が生まれるのだろう。モラルの乱れが信仰を復活させるのだ。無神論者は（一八七〇年以降のフランスでみられたように）、子どもを再びカトリック系の学校に送って信仰心を身につけさせるかもしれない。不可知論者のエルネスト・ルナンは一八六六年にこう書いた。

神の子に与えられた自由を享受しよう。しかし徳を失うようなことになってはならない。徳がなければ、キリスト教が勢いを失ったとき、社会の脅威となる。キリスト教なしに、私たちはどのようにやっていくというのか……魂が宗教を必要としていることを考慮せず、合理主義で世界を治めるとどんなことになるか。それは、フランス革命を見ればわかることである。(30)

モラルを保つには宗教が必要だ――文明社会に潜んでいて、私たちの夢や

(30) Renan, *The Apostles*, xxxiii.

犯罪、戦争の中に現れてくる残忍性に、自然な倫理では対抗できない――というルナンの考えを歴史は裏づけてくれるだろうか。ジョゼフ・ド・メーストルはこう答えている。「悪党の心のうちがどのようなものか、私にはわからない。だが、正直者の心の中に何があるかは知っている。それはぞっとするようなものだ[31]」。宗教の助けを借りずに高いモラルを維持していた国は、歴史の中に見当たらない。フランス、アメリカなどの国は政治と宗教を分離したが、社会秩序の維持には宗教が使われてきた。共産主義国の中にはわずかながら、宗教との結びつきを断ち、支援も拒否している国がある。ロシアでこの実験が今のところ成功しているようなのは、国民が共産主義を国民の宗教（懐疑的な人ならアヘンというかもしれない）として受け入れ、慰めと希望を与える教会の代わりをさせているからである。社会主義体制が大衆の相対的貧困を解消することができなければ、この新しい宗教は情熱も有効性も失い、国は国民の不満を抑えるために神を信じる宗教にすり寄っていくかもしれない。「貧困が存在するかぎり、神は存在する[32]」

(31) Lemaître, *Jean Jacques Rousseau*, 9.
(32) Durant, *The Mansions of Philosophy*, 568.

第8章

経済学と歴史

カール・マルクスに従えば、歴史とは経済学の実践――食糧や燃料、原材料、経済力を求めて個人、集団、階級、国家が競い合う――である。政体も宗教組織も文化の創造も、すべて経済的現実に根ざしている。産業革命は、民主主義、フェミニズム、避妊、社会主義、宗教の衰退、モラルの低下、パトロンの庇護下にあった文学の独立、小説におけるロマンティシズムからリアリズムへの移行、そして歴史の経済的解釈をもたらした。このような動きの中に現れる傑出した人物は、この動きの原因ではなく結果である。ギリシア人が交易路であるダルダネルス海峡の支配権を求めなければ、アガメムノン、アキレウス、ヘクトルの名前を耳にすることはなかっただろう。「無数の星に飾られた夜の空より美しい」ヘレネのためではなく、経済的野望のために千隻の船団がトロイアに送られた。だが、明敏なギリシア人は、その経済的欲望をイチジクの葉で覆い隠してむき出しにはしなかった。

経済的見地から歴史をとらえると、その姿がくっきりと浮かび上がってくる。アテネはパルテノン神殿の建設にデロス同盟の資金を流用した。クレオパトラのいたエジプトの財産のおかげでアウグストゥスの疲弊したローマは生き返り、ウェルギリウスは年金を支給され、ホラティウスは農場を与えられた。十字軍は、ローマとペルシアの戦争のように、西欧が東方への交易路を確保するためのものだった。アメリカが発見されたのは、十字軍が失敗したからである。金融業を営んでいたメディチ家がフィレンツェのルネサンスを支えた。ニュルンベルクが貿易、工業で栄えたことでデューラーの活躍は可能になった。フランス革命はヴォルテールの風刺の効いた作品やルソーの思想から生まれたのではない。経済の担い手となった中産階級が、自由な経済活動が法的に認められ、社会的にも受け入れられて政治力をもつことを求めたからである。

マルクスは、人がいつも経済的利益を求めて動くとは考えていなかった。物欲からアベラールが恋をし、仏典が書かれ、キーツの詩が生まれたとは思ってもいなかった。しかし、大衆の行動における経済以外のインセンティブの役割の大きさを、実際より小さくとらえてはいなかっただろうか。イスラム教徒やスペインの軍隊が示した宗教的熱情、ヒトラーの軍隊や日本の神風特攻隊が見せたナショナリズム、一七八〇年六月二～八日にロンドンで起きたゴードン暴動や、一七九二年九月二～七日にパリで起きた大虐殺にみられる群衆の怒りの増幅。このようなケースでは、リーダー（たいてい表に出ていない）は経済的動機から動いているかもしれないが、結果がどうなるかは群衆の感情にかかっている。多くの場合、経済的思惑をいだいているのは政治的勢力、軍事的勢力で、経済的思惑を叶えた結果、そうした勢力が生まれるわけではない。一九一七年のボリシェヴィキによる十月革命や、南アメリカで頻発する軍事クーデターがその例だ。ムーア人によるイベリア半島征服、モンゴルによる西アジア征服、ムガル帝国によるインド征服が経済力によって成し遂げられたなどと、誰が考えるだろう。これらの例では、貧しき者が富める者より強いことが証明された。力で制したものが政治的権力を握り、経済を支配することになる。将軍は軍事的視点に立った歴史の解説を書くことができるだろう。

今述べたような点を頭に入れて過去を経済的に分析すると、実に多くのことがわかる。異民族の侵入に対してローマは弱かった。国土を守るために戦う愛国心の強い兵士としてローマ軍を支えていた農民が、奴隷にとって代わられたからである。ごくわずかな者が所有する広大な農場で、奴隷たちは大儀そうに働いていた。今日でも、小さな農場は最新の機械を使って収益を上げることができず、農業は資本家か国が経営する大規模農場に委ねられようとしている。かつては、「文明は鋤をもつ人間に依存する[33]」と言われたが、

(33) *The Reformation*, 752.

もう鋤をもつ人などいない。彼らの手はトラクターやコンバインのハンドルを握っている。農業が産業になると、ほどなく農民は、資本家に雇われるか、国家に雇われるかの決断を迫られることになる。

歴史からはこんなこともわかる。「人を管理できる人は、ものしか管理できない人を管理する。お金を管理できる人はすべてを管理する」(34)。そういうわけで銀行家は、農業、工業、貿易の動向を探り、資金を流し、私たちのお金に２倍、３倍の働きをさせ、融資、金利、事業をコントロールし、大きなリスクを冒して大きな儲けを得、経済ピラミッドの頂点に上り詰める。フィレンツェのメディチ家からアウグスブルクのフッガー家、パリ、ロンドンのロスチャイルド家、ニューヨークのモルガン家に至るまで、銀行家は国政に参与し、戦争のための資金を提供し、教皇に融通し、時おり革命の火つけ役となった。価格変動について研究してきた銀行家は、価格とは上昇していくものであり、お金を退蔵するのは賢明なことではないと知っている。彼らの強大な力の秘密はこのあたりにあるのだろう。

（34）*The Age of Louis XIV*, 720.

過去を振り返ってほぼまちがいなく言えるのは、どんな経済システムでも、いつかは個人や集団の生産性を高めるために何らかの形で利益追求欲に頼らなければならないということである。奴隷制度、警察による監視、イデオロギーへの傾倒は、非生産的で、コストが高すぎ、一時的であることが判明している。通常、人は生産能力に基づいて評価される――例外は戦時で、このときは破壊能力に基づいて階級が決まる。

実務的な能力は一人一人異なり、ほぼすべての社会でそうした能力の大半が少数の人々に集中している。能力が集中すると、当然、富の集中が生じ、歴史の中でもこれが繰り返し起きる。集中の度合いは（他の条件が同じなら）、モラルと法によってどれだけの経済的自由が認められるかで決まる。専制政治のもとでは集中はゆっくりと進行する。最大の自由を認める民主制は集中を加速する。一七七六年までアメリカは比較的平等な社会だったが、現在は身体面でも精神面でも経済面でもさまざまで、最も豊かな人と最も貧しい人との格差は、金権主義の帝政ローマ以降最大となっている。進歩的な社会では富の集中が進むと、多数の貧しい人々の数の力が、少数の富める人々の能力の強さに匹敵するようになる。そして、この不安定な均衡状態が危機的状況を生みだし、法律を定めて富を再配分するという対応がなされることもあれば、革命が起きてさらに貧困が広がることもある。

プルタルコスによると、紀元前五九四年にアテネは「貧富の差がかつてないほど広がって危険な状況に陥り、騒乱を避けるには……独裁に頼るしかないように思われた[35]」。年々状況が悪化している――有産階級が政治の実権を握り、腐敗した裁判所は常に貧困層に不利な判決を下した――と感じた貧困層は、反乱を起こす相談を始めた。自分たちの財産を脅かそうとする動きに腹を立てた富裕層は、力で身を守る準備を始めた。しかし、ここで良識がはたらいた。貴族の出で貿易に従事していたソロンが穏健派に推されてアルコンになったのだ。彼は貨幣価値を下げてすべての債務者の負担を軽減した（彼自身は債権者だった）。個人の負債を減額し、債務奴隷を禁じ、未払いの税金や利息を帳消しにした。累進税を導入して金持ちには貧しい者の12倍の税

（35）Plutarch, *Life of Solon*.

を支払わせた。裁判所を再編し、市民に開かれた場とした。アテネのために戦って亡くなった者の息子には政府から養育費と教育費が支給された。これらの改革に対して、富裕層は財産没収に等しいと反対した。過激派は土地の再配分がなされていないと抗議した。しかし、ソロンの改革がアテネを革命から守ったという見方がやがて大勢を占めるようになった[36]。

ローマでは富の集中が深刻化して不満が爆発しそうになると、その知恵で有名な元老院が強硬策を推し進め、一〇〇年に及ぶ階級闘争と内乱の時代が始まった。貴族で護民官のティベリウス・グラックスは土地を再配分する法案を提出した。これは、土地の所有を一人一三五ヘクタールに制限し、余った土地は無産市民に分配するというものだった。元老院はこれを土地の押収だとして反対したが、ティベリウスは人民にこう訴えた。「あなた方は他人に富を与え贅沢をさせるために戦い、死んでいく。あなた方は世界の覇者と呼ばれるが、自分の土地と呼べるものをもっているのか[37]」。彼はローマの法に反して護民官の選挙で再選をめざしたが、選挙の日に暴動が起きて亡く

(36) *The Life of Greece*, 112-18.
(37) Plutarch, *Tiberius Gracchus*.

なった（紀元前一三三年）。彼の意志は弟のガイウス・グラックスに継がれた。しかしガイウスも同じように暴動に巻き込まれ、奴隷に自分を殺すよう命じた。奴隷は命令に従った後、自害した（紀元前一二一年）。このとき三〇〇〇人のガイウス支持者が元老院の命令で処刑された。その後、ガイウス・マリウスが平民派の指導者となったが、内乱が革命的様相を呈してくると身を引いた。ルキウス・セルギウス・カティリナは、負債を帳消しにすることを提案し、「哀れな貧民」を集めて反乱軍を組織した。彼は雄弁なキケロの弾劾演説で糾弾され、ローマ軍と戦って死亡した（紀元前六二年）。ユリウス・カエサルは元老院と和解しようとしたが、五年にわたる内乱の後、元老院議員に殺された（紀元前四四年）。マルクス・アントニウスは、カエサルの後を継ぐことと自身の野望、恋愛を混同していた。オクタウィアヌスは、アクティウムの海戦でアントニウスを破り、「プリンケプス（第一人者）」として統治を開始。階級間の平和と支配地域内の平和が保たれるパックス・ロマーナの時代が二一〇年間続いた[38]。

(38) *Caesar and Christ*, 111-22, 142-44, 180-208.

西ローマ帝国が崩壊（四七六年）すると、貧困の時代が数世紀続き、その後、カトリック教会のヒエラルキーの中などで富の集中が再び徐々に進んでいった。宗教改革は、カトリック教会に対するドイツ、イギリスの支払い減額、教会領の没収という形で行われた富の再配分ととらえることもできる。フランス革命では地方の農民の反乱や都市での大虐殺によって富の暴力的な再配分が試みられたが、実際には、貴族の財産、特権が資本家階級に移るにとどまった。アメリカは一九三三～一九五二年、一九六〇～一九六五年にソロンの平和的な方法にならった緩やかな富の再配分を行い、国民の怒りを鎮めた。たぶん、誰かが歴史を研究したのだろう。アメリカの上流階級は、これを恨めしく思いつつ従い、また富を蓄積し始めた。

富の集中はごく自然な避けようのないことで、暴力的、あるいは平和的再配分によってときどき緩和される。この視点からとらえると、経済史とは、富の集中と強制的再配分という収縮・弛緩を繰り返す社会的有機体のゆっくりとした心臓の鼓動であるといえよう。

第9章

社会主義と歴史

社会主義と資本主義との闘いは、富の集中と分散を繰り返す歴史の一部である。資本家は歴史の中で創造的な役割を果たしてきた。配当金や利息の支払いを約束して人々からお金を集め、それを生産のための資本とする。資金を提供して工業、農業の機械化を進め、流通の合理化を図る。その結果、かつてない膨大な量の商品が生産者から消費者へ流れるようになった。資本家にとって自由は大きな意味をもつ。企業が道路の通行料を免除され、規制に縛られなくなると、豊かな食、住まい、快適さ、娯楽を人々が享受できるようになる、政治家の管理下に置かれ、公務員が配置され、需要と供給の法則などお構いなしと思われる体制のもとでは、これはとても成し得ない、と彼らは言う。自由な企業では、競争や所有欲が生産性や創造性を刺激する。能力のある者は才能や技術の自然淘汰が進む中、適所を見つけて見返りを得る。品物の生産やサービスの提供が政府の命令ではなく需要に基づいて行われることから、ここでは民主主義の基本原則がはたらいていると言える。だが、競争は資本家に過重労働を強い、商品はつねに改良を求められる。

今日の私たちの状況はざっとこんなところだが、では、産業の独占的支配、価格操作、ビジネス上の不正、無責任な富の使われ方などに対する抵抗や反抗が繰り返し起きるのはなぜなのだろう。こうした問題は遠い昔からあったに違いない。さまざまな時代にさまざまな国で、社会主義的実験が行われているからだ。紀元前二一〇〇年頃のシュメールは次のような状況にあった。

経済は国が運営した。耕作に適した土地の大半は王が所有していた。

労働者は、作物を王家の貯蔵所に運び、その一定量を配給された。この大規模な国家経済を管理するために非常に複雑な階層制が発達し、運び込まれた作物の量と配給量がすべて記録された。それを記したおびただしい数の粘土板が首都のウルやラガシュ、ウンマで見つかっている……貿易も中央官庁の名において行われた。(39)

バビロニア（紀元前一七五〇年頃）のハムラビ法典には、牧人や職人の給料、医者に支払われる手術代に関する規定がみられる。(40)

プトレマイオス朝（紀元前三二三～三〇年）のエジプトでは、国が土地を所有して、農業を管理し、どの土地で何を栽培するかを農民に命じた。作物ができると、国の書記官が収穫量を測定し記録した。王家の脱穀場で脱穀された穀物を、農民は列をなして穀物倉まで運んだ。国が鉱山を所有し、鉱石を独占した。油、塩、パピルス、織物の生産、販売は、国の事業として行われた。商業はすべて国の管理下、規制下にあった。小売を行うのは大半が国

(39) *Encyclopaedia Britannica*, II, 962b.
(40) *Our Oriental Heritage*, 231.（ハムラビに関するデータの修正を行った。）

の機関で、国の生産した商品が販売された。銀行業は国の独占であったが、その営業は民間に委託されていたかもしれない。すべての人、事業、取引、商品、売上、法的文書に対して税が課された。課税対象となる取引や収入を管理するため、国は大勢の書記官をかかえ、住民や財産に関する複雑な登録制度を維持した。このシステムのおかげでエジプトは当時、最も豊かな国となったのである。[41] すばらしい土木事業が完成し、農業が改良され、収入の多くが国を発展させ、文化面を充実させるために使われた。紀元前二九〇年頃には、有名なアレクサンドリアのムセイオンと図書館が建設された。科学と文学が栄え、旧約聖書の最古のギリシア語訳『七十人訳聖書』が完成したのも、この時代のことである。しかし、やがて王がお金のかかる戦争を始めた。そして、紀元前二四六年以降、王は酒色にふけるようになり、国や経済の運営が貧しい者を搾り上げる役人の手に委ねられた。税の取り立ては厳しくなる一方だった。ストライキの回数が増え、激しさも増した。首都のアレクサンドリアでは、補助金の支給などで市民の歓心を買って平和が保たれた。し

（41）*The Life of Greece*, 587-92.

かし、市民は軍隊の監視下におかれ、政治に関する発言を許されず、最後は暴徒と化した。農業や商工業は従事者の意欲を高めるものが何もなかったことから衰退し、モラルは退廃した。オクタウィアヌスに敗れてローマの支配下に入る（紀元前三〇年）まで、エジプトの秩序は回復しなかった。

ローマでは、ディオクレティアヌス帝の時代に社会主義的政策が打ち出された。貧困が深刻化し、不穏な空気が広がり、異民族侵入の危機が迫ると、ディオクレティアヌスは最高価格令を発布した（三〇一年）。これは独占業者が出荷を控えて価格をつり上げるのを防ぐためのもので、重要な商品とサービスのすべてに対して最高価格を定めた。大規模な公共事業を行って失業者を職につかせ、貧しい者には無料か割引価格で食糧を配った。政府――ほとんどの鉱山、採石場、岩塩鉱床をすでに所有していた――は、主要産業と同業者組合のすべてを細部に及ぶ管理体制のもとにおいた。「大きな町では国が強力な雇用者となり……個人の実業家をはるかにしのぐ存在となった。実業家はどのみち重税に苦しめられた(42)」。実業家がこのままでは破産すると訴え

(42) Paul-Louis, *Ancient Rome at Work*, 283-85.

ると、ディオクレティアヌスは、異民族が迫っている、個人の自由より集団の自由をまず確保しなければならないと説明した。彼の社会主義は戦時経済ならではのものであった。攻撃を恐れる気持ちがこの政策につながったのである。外から攻撃を受ける可能性が高ければ、市民に認められる自由の度合いは小さくなる。

ディオクレティアヌスは経済を細かく管理しようとしたが、肥大化し費用のかかる腐敗した官僚制のもとではむずかしすぎた。軍隊、裁判所を維持し、公共事業、失業手当の支払いを継続するために重税が課され、人々は働く意欲も稼ぐ意欲も失った。そして、税金逃れの方法を考える法律家と脱税を禁じる法を作る法律家の間で空しい闘いが始まった。多数のローマ人が税から逃れるために国境を越えて異民族の中に紛れ込んだ。このような移動を防ぎ徴税を容易にするために、政府は、すべての負債と税金を払い終えるまで農民は自分の土地に、労働者は自分の仕事場にとどまらなければならないという命令をだした。これが中世の農奴制へとつながっていく(43)。

(43) *Caesar and Christ*, 641f.

中国では国家社会主義が何度か試みられた。司馬遷（紀元前一四五年頃生）によると、個人が「富を得るために山や海の恵みを独占したり、階級の低い者を支配したり(44)」しないよう、武帝（在位紀元前一四〇～八七年）は資源を国有化し、運輸や商取引を政府の管理下に置き、所得税を徴収し、公共事業を行い、川と川をつないで耕作地を潤す運河の建設などをした。国は品物を貯蔵し、価格が上がるとこれを放出、価格が下がると品物を買い入れた。こうすることで「大商人が大きな利益を得るのを防いだ……価格は国の管理下におかれた(45)」。中国はかつてない繁栄をみた。しかし、武帝の死後、「神の業」と人間の所業のためにこの実験は終わりを迎えた。洪水と干ばつが交互に襲い、深刻な物不足が生じ、価格が跳ね上がって制御できなくなった。商人は、自分たちの納める税金が怠惰な者、無能な者のために使われていると抗議した。生活費の高さに苦しむ貧困層は、昔のやり方に戻るべきだという富裕層に同調した。新制度を考えだしたものを釜茹でにすべきだと主張する者まで現れた。政策は一つずつ廃止されていく。そして、これらの政策がほとんど

(44) Granet, Marcel, *Chinese Civilization*, 113.
(45) 同上 .

忘れ去られた頃に登場したのが哲人王・王莽《おうもう》だった。

王莽（在位九～二三年）は儒学を修め、文学の擁護者となり、自分の資産を友人や貧しい者に分け与えた。王位についた王莽は、文学、科学、哲学を学んだ者たちを側近とした。土地を国有化し、それを等分して農民に与え、奴隷制を終わらせた。武帝と同じように、物資の買い入れ、売り出しによって価格を統制した。個人の事業主に低利の融資を行った。だが、彼の改革によって利益が損なわれた者たちが、彼を陥れようと団結した。加えて、干ばつ、洪水が発生し、異民族が侵入した。豪族の劉氏の指揮のもと反乱が起き、王莽は殺害された。改革は打ち切られ、すべてが元に戻った。(46)

一〇〇〇年後、宰相の王安石（在職一〇六八～一〇八五年）が経済を広く政府の管理下におく改革を始めた。「労働者が富裕な者に踏みつぶされることがないように、国は商業、工業、農業を自ら管理すべきである」(47)。こう述べた王安石は、農民に低利で融資し、高利貸しから守った。新しい開拓者には種などの必要なものを前渡しし、収穫の後に代金を払わせた。大規模な土

(46) *Our Oriental Heritage*, 700f.（新版のためにデータの修正を進めている。）

(47) Gowen and Hall, *Outline History of China*, 142.

木事業を行って治水を進め、雇用の促進を図った。どの地区にも賃金や物価を管理する者をおいた。商業は国営化された。高齢者、失業者、貧者には扶助料が支払われた。教育と科挙の改革が行われた。「生徒は修辞学の教科書を投げ捨て、歴史学、地理学、政治経済学の入門書を読み始めた(48)」。中国の歴史家はそう述べている。

なぜこの改革は失敗したのだろう。その理由は、まず税金。増加する官吏の給与を支払うためにすべての者に高い税金が課された。次に、徴兵。異民族の侵入に備えて、どの家庭も男子を一人ださなければならなかった。そして、官僚の腐敗。どこの国も似たようなものだが、中国では横領や収賄が横行した。王安石の弟を中心とする保守派は、人間はもともと堕落しやすく能力もないのだから、経済を政府が管理するなど無理な話で、人の自然な欲求に基づいた自由放任主義がいちばんだと主張した。重税と商業の国営化で打撃を受けた富裕層は、新制度の信頼性を落とし、実施を阻み、廃止させるための運動を開始した。これはよく組織化された運動で、皇帝に絶えず圧力を

(48) Carter, Thomas, *The Invention of Printing in China and Its Spread Westward*,183.

かけた。干ばつと洪水に見舞われたうえに、恐ろしく不吉な彗星まで現れ、天子の神宗は王安石を解任した。反対派が権力の座につき、新法は廃止された[49]。

最も長く社会主義体制が続いたのはインカ帝国だろう。現在のペルーのあたりを支配したインカ帝国では一三世紀頃この体制が整った。地上の王が太陽神に代わって統治するという考え方に基づいて、農業、労働、取引のすべてが国に管理された。政府は人口や収入の調査を行い、記録した。広大な領土をきめ細かく支配するにはコミュニケーションを保つことが必要だったが、それを可能にしたのが、すばらしい道路網とプロの「ランナー」だった。国民はすべて国に雇われた。安全と食糧が約束されることから、国民は満足していたようである。一五三三年にピサロに征服されるまで、この体制は続いた。

南アメリカの東部、ウルグアイ川沿いのポルトガル植民地では、一五〇人のイエズス会士が二〇万人の先住民を集めて社会主義社会をつくっていた

(49) *Our Oriental Heritage*, 724-26.

（一六二〇～一七五〇年頃）。農業、商業、工業は、ほぼすべて支配者である司祭が管理した。若者は教えられた仕事の中から好きなものを選ぶことができた。健康な者は一日八時間の労働を求められた。娯楽、スポーツ、ダンス、千人の合唱が用意され、ヨーロッパ音楽を演奏するオーケストラが結成された。司祭は教師、医師、裁判官でもあり、死刑を除外した刑法が作りだされた。先住民は従順で、ここの暮らしに不満はなく、外から攻撃を受けたときは懸命に戦って敵を驚かしたという。一七五〇年にポルトガルは七つのイエズス会コミュニティを含む土地をスペインに譲渡することになった。植民地の地層には金が含まれているといううわさが流れ、アメリカにいたスペイン人は即座にそこから出ていくよう住民たちに要求した。ポンバルの指揮下にあったポルトガル政府（当時イエズス会と対立していた）は、司祭と先住民にその地を離れるよう命じた。先住民の抵抗もむなしく、実験は幕を閉じた。(50)

ドイツの宗教改革に伴う反乱では、聖書に基づいた共産主義的スローガン

(50) *The Age of Reason Begins*, 249-51.

を掲げる者が現れた。トマス・ミュンツァーは、諸侯、聖職者、金持ちを倒し、すべてが共有される「神の国」を建設しようと主張した。[51]農民を集めて農民団を結成し、使徒の共産主義的思想を吹き込み、戦いへ導いた。しかし農民側は敗れて五〇〇〇人が命を落とし、ミュンツァーは斬首された（一五二五年）。彼の影響を受けたハンス・フートはアウステルリッツで再洗礼派のコミュニティを建設。そこでは共産主義が一世紀近く（一五三〇〜一六二二年頃）実践された。ヴェストファーレンの都市、ミュンスターでは再洗礼派の人々を率いたヤン・ファン・ライデンが支配権を手にし、一四カ月間（一五三四〜一五三五年）共産主義体制が敷かれた。[52]

一七世紀には、クロムウェルの軍に属する「水平派」の兵士が、イギリスに共産主義的ユートピアを建設するよう彼に求めた。王政復古の時代にはこうした動きは鎮静化するが、産業革命が始まって初期の資本主義の強欲さ、残酷さ――児童労働、女性労働、長時間労働、低賃金、劣悪な環境の工場、スラム街――が明らかになると、再び活発化した。こうした運動にとってカー

(51) Kautsky, Karl, *Communism in Central Europe in the Time of the Reformation*, 121, 130.
(52) *The Reformation*, 383, 391, 398-401.

ル・マルクスとフリードリヒ・エンゲルスの書いた『共産党宣言』（一八四七年）はマグナ・カルタ（大憲章）、『資本論』（一八六七～九五年）は聖書ともいうべき存在だった。二人は社会主義がまずイギリスで実現するものと考えていた。産業がどこよりも発達して集権的経営管理の段階に達しており、政府がいつ国有化してもおかしくないように思われたからである。彼らがもっと長生きしてロシアで社会主義国家が誕生するのを目撃していたら、どれほど驚いたことだろう。

資本主義が芽生えたばかりで、国家管理への移行を容易にする大企業が存在しないロシアで、なぜ近代世界初の社会主義が誕生したのだろう。その背景には何世紀にもわたる農民の貧困と知識人の反発とがある。とはいえ、一八六一年に農奴解放令がだされ、知識人はすべてを吸収する国家とは正反対の無政府主義に傾いていた。一九一七年のロシア革命が成功したのは、ロマノフ王朝が戦争に敗れ、社会矛盾を深刻化させ、面目を失ったからだろう。ロシア経済は混乱していた。農民が銃をかかえて前線から帰ってきた。レーニンとトロツキーがドイツ政府との交渉によってロシアに戻ることができた。革命が共産主義的な形となったのは、新しい国が国内の混乱、外からの攻撃という問題をかかえていたからである。今にも包囲攻撃を受けそうな国の国民なら同じ選択をするはずだ――秩序と安全を回復するまでは個人の自由は脇においておく。ここでも共産主義は戦時経済ならではのものだった。共産主義は戦争の恐怖が続けば生き延びるだろう。だが三〇年ほど平和になると、人間の性質上、共産主義はもたなくなると思われる。

ロシアの社会主義は今、個人主義を復活させ、生産性を高めるとともに、国民にもっと多くの物理的、精神的自由を認めようとしている。一方、資本主義は、社会主義がかった法律によって利己的な利益の追求を制限し、「福祉国家」の名のもとに富の再配分を進めている。マルクスはヘーゲルの忠実な弟子ではなかった。ヘーゲルの弁証法でいくと、資本主義と社会主義の闘いは社会主義の完全な勝利で終わることになると彼は理解した。しかし、ヘーゲルの言うテーゼを産業革命、アンチテーゼを資本主義と社会主義の対立とすると、ジンテーゼは資本主義と社会主義の統合ということになる。そして、この和解に向かって西側世界は確かに動いている。西欧では経済における政府の役割が年々大きくなり、民間部門の役割は縮小している。資本主義は、私有財産、自由企業、競争という刺激をまだ保ち、大量の商品を生産する。重税は、上層階級にとってとくに負担が大きいが、その税収を財源として、政府は人口の増加を自ら抑制している国民に対して教育、医療、厚生面でかつてなかったようなサービスを提供することができる。社会主義は資本主義への恐れから自由を拡大し、資本主義は社会主義への恐れから平等をめざしている。東は西、西は東、両者はやがて相まみえる。

第10章

政治と歴史

アレキサンダー・ポープは、政治の形態について論じるのは愚か者だけだと考えた。歴史はどの政体についても、政治一般についても、多くを語ることができる。人間は自由を愛する。しかし、社会における個人の自由には何らかの規制が必要なことから、自由の第一条件は制限である。無制限に自由を認めると、自由は混乱の中で死んでしまう。したがって、政府の第一の務めは秩序の確立である。個人の力は合わせると大きいが、分散している。それに代わる唯一の力は組織化された政府の力である。力は自然に中心に集まる。力が分割され、弱められ、散らばってしまっては何の効果もないからだ。リベルム・ヴェト〔訳注5〕が行使されていた頃のポーランドを見ればわかる。リシュリュー、あるいはビスマルクが封建的な人々に反対されながらも中央集権化を進めたことは、歴史家に高く評価されている。アメリカでも連邦政府への力の集中がみられる。経済活動が州境を越えて行われ、中央の権力しかその管理ができないときに、「州の権利」をもちだしても意味がなかった。産業、商取引、金融が国境を越えて国際的に行われる今、国際政府が生まれようとしている。

君主制は最も自然な統治形態であるように思われる。家庭における父親の権威や戦士を率いる首長の権威を、国という集団に対して当てはめるものだからである。政体を歴史における普及の度合いと存続期間で評価するなら、君主制に勝るものはない。これに対して民主制は時おり顔をだす程度にすぎない。

ローマではグラックス兄弟、マリウス、カエサルが階級闘争をしている間

訳注5
「自由拒否権」。議会において一人の代議員がこの権利を行使するだけで審議が停止し、法案が否決された。

に民主政治が崩壊した。アウグストゥスは実質的君主制のもとで政治家として史上最高の偉業を成し遂げた——パックス・ロマーナが始まったのだ。大西洋からユーフラテス川まで、スコットランドから黒海まで広がるローマの平和は、紀元前三〇年から紀元一八〇年まで続いた。アウグストゥスの死後皇帝となったカリグラ、ネロ、ドミティアヌスは君主制の名折れだった。しかし、その後、ネルウァ、トラヤヌス、ハドリアヌス、アントニヌス・ピウス、マルクス・アウレリウスと「名君が続いた。こんな時代は他にない[53]」。エルネスト・ルナンはそう述べた。ギボンもこう書いている。「人類が最も幸福で繁栄したのはいつかと問われたら、ネルウァの即位からマルクス・アウレリウスの死までの時代だと即座に答えるだろう。多数の人民の幸福が政治の唯一の目的だった時代は、この五人の時代をおいて他にはない[54]」。ローマ人がローマ人であることに満足していたこの輝くような時代に、帝位は養子が継承していた。皇帝は、実子ではなく自分の見つけた最も有能な人物に帝位を譲った。その人物は皇帝の養子となり、政治について学び、徐々に統

(53) Renan, *Marc Aurèle*, 479.
(54) Gibbon, *Decline and Fall*, I, 31.

治権を委譲された。このシステムはうまく機能した。それは一つには、トラヤヌス、ハドリアヌスには息子がなく、アントニヌス・ピウスの息子は幼い頃に亡くなったからだろう。マルクス・アウレリウスには息子のコンモドゥスがいた。この賢帝が後継者を指名していなかったため、帝位はコンモドゥスが継いだ。そして、間もなく混乱の時代が始まった。*

全体的にみれば、君主制は可もなく不可もない。継承問題が生じると人類に不幸がもたらされ、「正当」に継承されるとよい結果になった。世襲の場合、高貴さや政治手腕より、むしろ愚かさ、縁故主義、無責任、驕奢といった点が目立つだろう。ルイ14世は、よく近代君主のかがみとされるが、フランス国民は彼の死を喜んだ。この時代の国家は複雑で、それを一人で統治するのは本当にたいへんだったろう。

これに対して寡頭制がある——これは少数者による支配で、その少数者は貴族制のように出生に基づいて選ばれることもあれば、神権政治のように宗教組織、民主制のように富によって選ばれることもある。多数者が支配する

*アントニヌス・ピウスとマルクス・アウレリウスの時代に、すでにローマの衰退は始まっていたとみる歴史家もいる。アーノルド J. トインビー, “*A Study of History*（歴史の研究）” (London, 1934 f.), IV, 60

のは（ルソーも認めたように）あまりないことである。団結して行動を起こすために多数者を有効に組織するのは困難だからだ。しかし少数者なら可能である。少数の人間に能力の大半が集中している場合、富の集中と同じように、その少数者の支配を受けることは避けようがない。多数者ができるのはときどきその中の一人の首をすげかえることくらいである。出生に基づいて支配者を決めるのは、富や神学、暴力で決めるよりはるかに分別があると、貴族制を推す人々は言う。貴族は品位の落ちる、うんざりするような経済競争とは無縁の人々で、生まれたときから周囲の手本や環境、ちょっとした実務を通して、将来、統治という務めを果たせるよう学んでいく。この務めには特別な準備が必要で、普通の家庭や環境ではそれができない。貴族社会は、政治家の育成の場であるだけでなく、文化や作法、規範、洗練さを蓄え、体現している場でもある。それによって、思想や芸術における一時的流行やモラルコードの急激な変化のために社会がぐらつくのを防いでいる。フランス革命後、モラル、作法、品格、芸術がどうなったかを思い出してほしい。

貴族社会は芸術を刺激し、支援し、支配してきたが、芸術を生みだすことはほとんどなかった。貴族は芸術家を肉体労働者としてみている。人生を芸術に捧げるより、人生で芸術を楽しむほうがよいと考えている。天才には苦労がつきものだが、貴族は自分も同じ苦労をしようとは思わない。文学作品を生みだすこともあまりない。何かを書いて出版するというのは自己顕示、利益の追求にほかならないからだ。この結果、近代の貴族制は、芸術を生かじりして楽しむ傾向があり、特権は十分活かすが責任はしばしば放棄する、万年休暇状態である。これでは腐敗が生じる。「朕は国家なり」〈訳注6〉。その言葉を聞いた一〇〇年後には「我が亡き後に洪水よ来たれ」〈訳注7〉という言葉が聞かれた。

ごくわずかの者だけに特権と権力が与えられる。利己的で近視眼的な搾取によって人々が苦しめられる。従来のやり方に執着して国の発展を遅らせる。王が慰みにする戦争で人命や財産が失われる。こんな事態を引き起こすと、貴族制はもう終わりだった。虐げられた人々が結集して大規模な反乱を

訳注6
ルイ14世（1638～1715年）の17歳のときの言葉とされている。

訳注7
ルイ15世（1710～1774年）、またはその愛人の言葉とされている。

起こした。新たに資本を蓄えたブルジョワが貧困層と協力して障害や沈滞と戦った。千人の貴族が斬首された。そして失政の歴史に、今度は民主制が登場した。

歴史は革命を支持するだろうか。これは古くから論じられていることで、例えば、ルターがカトリック教会と決別したのに対して、エラスムスは根気よく整然とした改革を進めることが必要だとした。チャールズ・ジェームズ・フォックスがフランス革命を支持したのに対して、エドマンド・バークは「時効」や連続性で反論した。柔軟性を失った時代遅れの組織は、場合によっては転覆させることが必要と思われる。一九一七年のロシアがそうだった。しかし、ほとんどの場合、革命によってもたらされるものは、革命を起こさなくても徐々に経済が発展すれば手に入れることができるだろう。アメリカは革命なしでも英語圏における支配的勢力になっていただろう。フランス革命は土地を所有する貴族からお金をコントロールするブルジョワに支配権を移した。しかし一九世紀のイギリスでは、無血で治安を乱すことなく、それと似たようなことが生じている。過去と突然手を切ることは狂乱を招き、その後、恐ろしい暴力へとつながるかもしれない。記憶が連続していれば人の正気が保たれるように、集団の正気は伝統が受け継がれることで保たれる。個人でも集団でも、その鎖が途切れると神経症的な常軌を逸した反応が起きる。一七九二年にパリで起きた九月虐殺がまさにそれだった。*

富は、品物（大半のものは壊れやすい）の蓄積というよりは、生産や交換のための秩序と手段である。そして、紙幣や小切手自体に価値があるわけではなく、人や組織を信頼することでその価値は成立している。したがって、暴力的な革命を起こしても、富を再配分するよりは、かえって富を破壊することになる。土地は再配分されるかもしれない。しかし、人間はもともと不平等にできていることから、再び財産や特権に偏りが生じ、以前の少数者と本質的には同じ性向をもった新たな少数者が権力の座につく。真の革命とは理性を磨き品性を高めることである。真の解放とは一人一人がそれを達成することである。そして、真の革命家は哲学者と聖人である。

*イポリット・テーヌの著書にこれに関する忘れがたい記述がある。"*The French Revolution*（フランス革命）"（New York 1931）, Ⅱ, 209-33.

厳密な意味で言うと、民主制はフランス革命以降の近代にしか存在しない。成人男子の参政権でいうなら、アメリカの民主制はアンドリュー・ジャクソンの時代に始まった。成人の参政権でいうなら、アメリカの民主制は私たちが若い頃に始まった。古代のアッティカでは人口三一万五千人のうち十一万五千人が奴隷で、選挙権をもつ市民は四万三千人にすぎなかった(55)。女性、労働者と商店主と職人の大半、そして移住者は参政権を与えられなかった。市民の中の少数階級は二つに分かれていた。寡頭政治派（土地をもつ貴族や上流ブルジョワ）と民主派（小地主や小事業者、選挙権をもつ賃金労働者）である。ペリクレスの時代（紀元前四六〇～四三〇年）には貴族が優位に立ち、アテネでは文学、演劇、芸術が最盛期を迎えていた。彼の死後、アテネはペロポネソス戦争（紀元前四三一～四〇四年）に敗れ、デモス、つまり民衆が力をもつようになった。ソクラテスとプラトンはこれを嫌った。ソロンの時代からローマによるギリシア制圧（紀元前一四六年）まで寡頭政治派と民主派は、書物、劇、演説、投票、陶片追放、暗殺、内乱などを通じて闘い

(55) Gomme, A. W., *The Population of Athens in the Fifth and Fourth Centuries B.C.*, 21, 26, 47; *Life of Greece*, 254.

を繰り広げた。紀元前四二七年、コルキラ島（現在のコルフ島）で有力な寡頭政治派が民主派のリーダー六〇人を暗殺した。これを契機に民主派は寡頭政治派を倒し、治安委員会のような場で五〇人を裁いて全員処刑し、何百人もの貴族を投獄して餓死させた。トゥキュディデスの次の記述は一七九二～一七九三年のパリを思わせる。

コルキラの島民は敵とみなした者を七日にわたって虐殺した……さまざまな方法で殺害がなされ、こうした際にはよくあることだが、激しさはとどまるところを知らなかった。息子が父親に殺された。命乞いをする者が祭壇から引きずり降ろされ、中には祭壇で殺される者もいた……革命は町から町へと広がり、最後に到達した町では、それまでにどのようなことが行われたかを聞き及んでいたことから、人々はさらに恐ろしいことをやってのけた……残虐な報復がなされた……コルキラ島でこのような罪が犯されるのは初めてだった……被支配者が恨みを晴らす（彼らは支配者から公平な扱いを受けたことがなかった。受けたのは暴行だけだった）……感情に煽られて残忍な行動にでる……穏健な者たちは両者の間で板ばさみになって死んでいった……ギリシア世界を震撼させる出来事だった(56)。

アテネの民主政治とは無秩序な階級間の争い、文化の退廃、モラルの低下であると、プラトンは『国家』の中でソクラテスに語らせている。

民主派は――

不遜にも節制をめめしいものとして退けた……彼らは、傲慢を育ちのよさ、無政府状態を自由、浪費を度量の広さと呼ぶ……父親は息子と同じレベルまで身を落とし、彼らを恐れる。息子は父親と対等の立場に立ち、両親に対する羞恥心や恐れを失う……教師は生徒を恐れて彼らに媚び、生徒は教師を見下す……老人は気むずかしいとか尊大だと思われるのを

(56) Thucydides, *Peloponnesian War*, iii 10; *Life of Greece*, 284.

嫌い、若者のまねをする……言い忘れてはならないのは、男女が互いに自由で平等の立場にあることだ……市民は少しでも権威を感じると苛立ち、しまいには……不文法であれ、成文法であれ、法律を求めなくなる……そして、これが独裁政治の輝かしい始まりとなるのだ……何事も度が過ぎると、今度は反対方向へ動きだす……独裁政治は民主政治から生まれる。専制と隷属の極みが、自由の極みから生まれるのだ(57)。

プラトンはアテネの民主制を手厳しく批判したが、彼が亡くなる頃（紀元前三四七年）にはその正しさが歴史によって示されようとしていた。アテネは富を回復した。しかし、それは土地ではなく商業によってもたらされる富で、実業家、商人、銀行家が支配層となった。人々は欲に駆られ、ギリシア人はこれをプレオネクシア（飽くなき欲望）と呼んだ。ネオプルトイ（新富裕層）は、派手な豪邸を建て、妻を高価な衣装や宝石で飾り立て、数十人の召使いをつけてやり、互いに競うように宴会を開いて客をもてなした。富裕

（57）Plato, *The Republic*, Nos.560-64.

層と貧困層の差が広がっていった。プラトンはアテネが「二つの町」に分かれたと書いている。「……一つは貧者の町、もう一つは富者の町で、両者は対立した」[58]。貧困層は、立法、課税、革命によって富裕層から財産を奪いとろうと考えた。富裕層は団結して貧困層から身を守ろうとした。いくつかの寡頭派組織の人々は厳粛にこんな誓いを立てたと、アリストテレスは述べている。「私は彼ら（民衆）の敵となる。議会で彼らに対してできるかぎりの悪をなす」[59]。紀元前三六六年頃にイソクラテスはこう書いた。「富裕層は反社会的になった。財産のある者は、貧困層に援助の手を差し伸べるくらいなら、財産を海に捨てるほうがましだと思っている。一方、貧困層は、宝を見つけるより富裕層の財産をとりあげるほうが喜ばしいと思うだろう」[60]。貧困層は議会を掌握すると、富裕層の財産を国庫に入れ、国営企業や補助金を通じて富の再配分を行うことを可決した。議員は新しい歳入源を見つけるのに知恵を絞った。いくつかの都市では、もっと直接的に富の分散が進んだ。ミュティレネでは債務者が集団で債権者を虐殺した。アルゴスでは民主派が富裕

(58) Plato, *The Republic*, No.422.
(59) Aristotle, *Politics*, No.1310.
(60) Isocrates, *Works*, “Archidamus,” No.67.

層を襲って数百人を殺害し、財産を没収した。普通なら対立し合う都市国家の資産家たちが、大衆のこうした動きに対抗するため密かに手を組んだ。中産階級は富裕層同様、民主主義は妬みを煽るものだと考えるようになった。貧困層は、貧富の差が一向に縮まらないことから、まやかしの平等だとして民主主義に不信感をいだき始めた。階級闘争が深刻化し、紀元前三三八年にマケドニアのフィリッポスに攻め込まれたとき、ギリシアは国際的にはもちろん、国内的にも分裂状態にあった。富裕なギリシア人の多くは、革命よりましだと考えてフィリッポスを歓迎した。マケドニアの独裁政治のもと、ギリシアの民主政治は消滅した[61]。

プラトンは、政体は君主制、貴族制、民主制、独裁制の順で移り変わっていくと考えた。この例はローマにも見ることができる。紀元前三～二世紀のローマは寡頭政治の時代で、外交政策や軍隊の整備によって地中海世界を征服した。そうして得た富は貴族のものとなり、商業の発達によって上流中産階級は多くの資産を築いた。ローマに征服されたギリシア、オリエント、ア

(61) このパラグラフは *The Life of Greece*, 464-66. からの引用である。

フリカから連れてこられた人々はラティフンディウム（訳注8）で奴隷として働かされた。ローマの農民は農地を追われ、都市の無産市民となり、紀元前一二三年にガイウス・グラックスが貧しい者に約束した穀物配給の恩恵を受けた。将軍や総督が自分や支配層のために山のような戦利品をもって地方から帰ってきた。資産家が増えた。それまでは土地が政治権力の源、あるいは手段であったが、どこへでももち運べるお金がそれに代わった。対抗する派閥は、候補者と票の買収を競い合った。紀元前五三年に、ある選挙民のグループは支援を約束して一〇〇〇万セステルスの金を受けとった[62]。お金でだめなら殺人ということもあった。間違って投票した者が半殺しにされ、家に火をつけられた。これほど豊かで、強大で、腐敗した政府はかつてなかった[63]。貴族はポンペイウスを使って自らの地位を守ろうとした。平民はカエサルと運命を共にした。カエサルが勝利し、大衆に支持される独裁制が確立した。貴族はカエサルを殺害した。しかし、カエサルの甥の息子で、その養子となったアウグストゥスに権限を集中させることを最後には受け入れた（紀元前

訳注8
奴隷の労働に頼った大規模農場。

(62) *Caesar and Christ*, 128-30.
(63) 同上.

二七年）。民主制が終わって、再び君主制が始まった。プラトンの考えた車輪が一回転したのだ。

このような古代ギリシア、ローマの例を見てくると、奴隷制や買収、戦争で腐敗した民主制は民主制の名に値しないのではないか、民主的な政治を考えるうえで参考にはならないのではないかと思えるかもしれない。アメリカには民主制を築くしっかりとした土台があった。アメリカの民主制にはイギリスから引き継いだ財産があった。アングロ・サクソン法は、マグナ・カルタ以来、個人を国家の侵害から守っている。プロテスタンティズムは信仰と思想の自由への道を開いた。アメリカ革命は、遠く離れた政府に対して植民地が蜂起しただけではない。アメリカで育った中産階級が、外からもち込まれた貴族制に対して立ち上がったのだ。自由な土地が広がり、最低限の法しかないこの地で、反乱は順調に進んだ。土地を所有して耕し、（自然の許す範囲で）生活環境をコントロールした人には、政治的自由のための経済的基盤があった。彼らの個性、性格は大地に根ざしたものである。ジェファーソン——彼はヴォルテールのように懐疑的で、ルソーのように革命的だった——を大統領にしたのは、そんな人々だった。アメリカは荒野から実在するユートピアに変わった。西欧に保護される子どもから西欧のライバル、保護者に変わった。アメリカの姿をこのように変えた個人主義的エネルギーを解き放つのに、統治を最小限にとどめる政府は最適だった。田舎の、ほかには誰もいない土地に住んでいると、人は大きな自由を得ることができたが、国も周囲を海に囲まれて自由と安全を確保できた。このような条件がいくつも重なって、アメリカは史上最も基本的で普遍的な民主制を実現することができたのである。

現在、状況は大きく変わった。都市が生まれ、誰とも交わらずに暮らすなど不可能である。個人の独立もむずかしくなった。労働者は自分のものではない道具や資本、自分ではコントロールできない環境に依存しており、自分の力だけで生きていくなど無理な相談である。戦争の規模は格段に大きくなり、人は戦争の原因を理解することも、戦争の影響から逃れることもできない。自宅の所有が広まり、わずかばかりの土地を手に入れることはできても、自由な土地はもうない。個人商店は大型店に飲み込まれた。かつての店主はマルクスのように、すべて鎖につながれていると不満げに言うかもしれない。中産階級でさえ、経済的自由を手に入れるのがどんどんむずかしくなり、政治的自由も気休めでしかない。こうした状況は、すべて（血気盛んな青年時代に考えていたような）富裕層の邪悪さではなく、人間の性質によって生まれるもので、これが経済発展の定めでもあるのだ。経済が複雑化するにつれて優れた能力をもつ者の価値が上がり、富と責任と政治的権力の集中が一段と進む。

民主制は最もむずかしい政体である。民主制のもとでは、誰もが知性を身につけていることが必要になる。ところが私たちは主権を得たとき、知性のことなど考えていなかった。今、教育は普及した。しかし、教育程度の低い人々が多産であるため、知性はなかなか広がっていかない。ある皮肉屋はこう言った。「無知な者がうようよしているからといって、無知な者を王位につけてはならない」。だが、無知な者が長く在位することはない。有力者たちの世論操作に手を貸してしまうからだ。リンカーンは「すべての人をだまし続けることはできない」と言った。確かにその通りだろう。しかし、多数の人をだまして大国を支配することは可能である。

今日、芸術が衰退しているが、これは民主主義の責任だろうか。もちろん衰退と決めつけるわけにはいかない。あくまでも主観の問題である。その過剰さ——意味なく散らした色、ガラクタの寄せ集め、耳障りな音の連続——に身震いする人はまちがいなく過去の芸術に執着があり、新たな実験は好まない。ナンセンスな作品は一般大衆に受けているわけではない。だまされやすい中産階級が競売人の催眠術にかかり、どんなにいびつなものでも、その斬新さに惹かれて作品を買うのだ。貴族制の時代には、芸術のための規範のようなものや趣味のよさといったものが存在した。芸術家はそれに基づいて、人が理解できる範囲で想像力と個性を発揮し、作品の各部が論理的につながって調和をなす、統一性のある作品を作り上げた。ところが民主制にはその規範のようなものがない。その意味で、芸術の衰退を招いたと言える。今の芸術が「奇抜なもの」を追っているようにみえるとすれば、それは大衆の意見や支配によって俗化したからであり、さらには、従来の流派や表現手法の可能性をすべて試し終え、新しいパターン、スタイル、ルール、秩序を求めてもがいているところだからだ。

　こうやって見てくると、民主制は他のどの政体よりも害が少なく益が多い。民主制には落とし穴も欠点もあるが、それをしのぐ活力や同志愛を人間に与えてくれた。思想や科学や事業になくてはならない自由をもたらした。偏見や階級の壁を打ち破り、世代ごとに、どんな地位や場所からも能力のある者を引きあげてきた。刺激的な民主制のもとで、アテネとローマは史上最も創造的な都市となり、アメリカは建国から二世紀経たないうちに国民の多くに豊かさをもたらした。民主制は今、教育の普及と教育期間の長期化、公衆衛生に力を注いでいる。教育の機会均等を実現できたら社会的平等は本物だと認められるだろう。人は平等ではあり得ないが、もっと平等に教育機会を得られるようにすることは可能なのである。人の権利とは、仕事と能力を手にする権利ではない。それらを手にすることができるよう、適性を探り、高めるためのあらゆる道が開かれている、それが人の権利である。権利とは神や自然からの贈り物ではない。それは特権であり、その権利を個人に与えることが社会の利益となる。

イギリス、アメリカ、デンマーク、ノルウェー、スウェーデン、スイス、カナダでは、民主制が非常に健全なものになっている。勇気と力を奮い起こして独裁国の攻撃から身を守り、国内でも独裁には屈していない。しかし戦争が続いて民主制を吸収し制圧するようなことにでもなれば、あるいは、世界支配という野望をいだいて大規模な軍事組織と支出が必要とされる状況になれば、民主制の自由は部隊や戦闘の規律に少しずつ屈服していくかもしれない。人種間、階級間の闘争が起きると、私たちは敵対する二つの陣営に分断されてしまう。政治的討論は憎悪のぶつけ合いに変わり、暴力で演壇がひっくり返されるかもしれない。経済が生みだした富をうまく配分できなければば、言葉巧みに国民に安心を約束する人物に独裁への道が開かれるだろう。

そして、魅力的なスローガンを掲げた好戦的な政府が、民主的な世界を飲み込んでしまうのである。

第11章

歴史と戦争

戦争は繰り返し起きている。文明が発展しても、民主政治が行われても、戦争は減らない。記録に残る過去三四二一年のうち、戦争がなかったのはわずか二六八年である。現在、戦争は人類の競争と自然淘汰の究極の形となっている。ヘラクレイトスは「戦いは万物の父である」と述べた。戦争、あるいは競争は、アイデア、発明、制度、国家などあらゆるものが生まれ出る有力な源だということである。平和は不安定な均衡状態であり、超大国が存在するか、互いの力が釣り合っていないかぎり、平和は保てない。

戦争の原因は、個人間の争いの原因と同じである。貪欲さ、好戦性、自尊心。食糧、土地、物資、燃料、支配への欲求。国にも私たちと同じ本能があるが、本能を抑制することはない。人はモラルや法律の制約を受け、戦う代わりに話し合うことで合意する。生命や財産、法的権利が、国によって基本的には保護されているからである。ところが国には制約となるものがない。国は強大で、口出しするものを寄せつけないのだ。また、基本的保護を保証してくれる超大国も、実効性のある国際法や国際的モラルコードもない。

人の場合、誰かと争うときは自尊心が後押しをしてくれる。国の場合、外交や戦争の後押しをするのはナショナリズムである。ヨーロッパ各国は、ローマカトリック教会の支配と保護から解放されたとき、陸軍や海軍を鼓舞するためにナショナリズムを利用した。ある国との間で争いが生じそうなときは、その国に対する憎しみを国民の心に植えつけ、憎しみを煽るためのスローガンを考えだした。そして、こうする一方で平和への愛を力説した。

このように敵意をもたせるやり方は、根源的な争いでのみ使われた。実際、ヨーロッパでは一六世紀の宗教戦争からフランス革命中の戦争までの間、これが使われることはほとんどなかった。当時、戦争当事国の国民は互いの国のすばらしさを認めることを許されていた。イギリス人は、イギリスと戦争中のフランス国内を安全に旅することができた。フランス国民とフリードリヒ2世は七年戦争の間も互いを賛美し続けた。一七、一八世紀には、戦争は国民ではなく貴族の争いだった。しかし二〇世紀になると、通信手段や輸送手段、武器、国民教育の方法が発達して、戦争は国民の争いとなった。戦闘員ばかりでなく一般市民をも巻き込み、生命と財産を大規模に破壊して勝利を勝ちとる。何世紀もかけて作り上げた都市や芸術、文明が一度の戦争で破壊される。戦争は科学や技術を発達させ、恐ろしい発明品を生みだすが、戦後の貧困と混乱の中で、その発明が忘れ去られなければ、今度は物質的豊かさを生みだすのに役立つだろう。

どの時代にも、将軍や支配者は、臆病な哲学者が戦争を嫌うのを嘲笑《あざわら》った(アショカ王とアウグストゥスは例外である)。軍人の立場から歴史を解釈すると、戦争とは最後の審判であり、臆病者と愚か者以外、すべての人が当然必要なものとして受け入れている。カール・マルテルがトゥール・ポワティエの戦い（七三二年）で勝利しなければ、フランス、スペインはイスラム教国になっていたかもしれない。モンゴル人、タタール人と戦わなかったら、ギリシア、ローマの遺産はどうなっていただろう。私たちはベッドの中で亡くなる将軍を（本当は死なれては困ることを忘れて）笑うが、ヒトラーやチンギス・ハンを退却させた将軍は像を建てて称える。将軍はこう語る。多数の若者が戦争で亡くなるのは痛ましい。だが、それを上回る数の若者が自動車事故で亡くなっており、多くは無茶な運転が原因である。彼らは好戦性、冒険心、決まりきった毎日への不満を発散させる場を求めている。どうせいつかは死ぬのだから、戦場で感覚を麻痺させ、栄光に包まれて国のために死ぬのも悪くはないだろう。歴史を学んだ哲学者なら、長い平和が続くと、国が戦争をするための筋肉がひどく衰えてしまうことを認めるはずだ。国際法が整わず、不穏な空気が漂う今、国はすぐにも自衛の準備をしなければならない。本質的な利益が侵されるときは、必要ならどんな手段でも使うことが許されるべきである。自国の存続が危ういときは、十戒は横においておくしかない。

将軍はさらに続ける。イギリスが一九世紀に果たしてきた役割――西洋文明を外敵から守る――をアメリカが引き継がなければならないのは明白である。共産主義国は、高い出生率と新しい兵器で武装し、非共産主義国の経済と独立を打ち砕くという決意を繰り返し表明してきた。新興国は、産業革命によって経済力と軍事力をつけたいと考え、政府の管理のもとに急速に工業化を進めたロシアに敬服している。結局は西側の資本主義のほうが生産的かもしれないが、発展には時間がかかるように思われる。国の資源や国を守る男たちを管理したくてたまらない新興国の統治者は東側のよいカモだ。プロパガンダに乗せられて共産主義の浸透を許し、やがて体制が転覆するだろう。アジア、アフリカ、南アメリカのほぼすべてに共産主義が拡大するのは時間の問題だ。今これを止めなければ、オーストラリア、ニュージーランド、北アメリカ、西ヨーロッパは四方を敵に囲まれる。そうなると、日本、フィリピン、インド、そしてイタリアの強力な共産党にはどのような影響が及ぶだろう。イタリアで共産主義が勝利すると、フランスの共産主義運動にはどんな影響が及ぶのか。イギリス、北欧、オランダ、西ドイツは共産主義勢力が圧倒的に強い環境におかれる。今、絶頂期にあるアメリカは、こんな未来を必然的な流れとして受け入れ、自国に閉じこもるのか。敵意に満ちた国々に囲まれると、物資や市場への自由なアクセスを妨げられる。そして、彼らと同じように独裁制を敷いて、この自由で刺激的な社会をあらゆる面で管理することを強いられるだろう。アメリカの指導者は、快楽主義の今の世代がどれほど落胆するかを考えるだけでよいのか。アメリカの未来の人々が、我々にどんな行動をとってほしかったと思うかを考慮しなくてよいのか。今すぐ立ち上がって敵に戦争を仕掛けるのが賢明だ。海外で戦い、必要ならアメリカ人十万人の命を犠牲にする。おそらく百万人ほどの非戦闘員も犠牲になるだろう。そうすればアメリカの安全と自由は守られる。このように先を見通した方針を立てるのが、歴史の教訓ではないのか。

するとと哲学者はこう答える。その通りだ。そして、悲惨な結果がもたらされるというのも歴史の示すところである。ただし、その悲惨さの度合いは、戦いに投じられる部隊の規模や機動性、武器の破壊力に比例して大きくなる。だが、歴史よりもっと偉大なものがある。いつか、どこかで、私たちは人間性の名において幾多の悪しき前例に挑み、黄金律〔訳注9〕を採り入れなければならない。仏教徒のアショカ王がしたように（紀元前二六二年）[64]、あるいは、少なくともアウグストゥスのように。アウグストゥスはゲルマニアにさらに攻め込むことをやめるようティベリウスに命じた（九年）[65]。大きな代償を払うことになろうとも、中国に多数の広島を生みだすのは避けなければならない。「政治においては寛大さが往々にして真の知恵である。偉大な帝国と偏狭な心では組み合わせが悪い[66]」とエドマンド・バークは言った。アメリカの大統領が、中国とロシアの指導者にこう語るのを想像してほしい。

「これまでの歴史の流れに従うなら、あなた方の国が三〇年先に何をする

訳注９
キリストの山上の垂訓の一節。「何事でも人々からしてほしいと望むことは、人々にもその通りにせよ」

かを考えて、我が国は今、戦争に踏み切るべきである。あるいは一八一五年の神聖同盟という前例にならい、我が国の富と最高の若者を投じて、秩序を乱す動きが見られたら、どこであれ、それを抑えに行くのがよいかもしれない。しかし、我が国は新しいやり方でのぞみたい。我々はあなた方の国民と文明を史上最も創造的だと考えている。あなた方の気持ちを理解し、攻撃という不安にわずらわされることなく国を発展させたいという思いを理解するよう我々は努めていく。私たちは互いを恐れる気持ちから戦争に突入するようなことをしてはならない。我が国の武器もあなた方の武器も、すさまじい威力をもつため、かつてなかったような状況が展開することになる。考えの隔たりを調整し、体制打倒の企てを停止し、軍備を縮小するために、代表者を立てて継続的な話し合いをすることを提案したい。私たちは海外で自国と手を結ぶ国を求めて競い合うことになるかもしれない。しかしどこと手を結ぶかは、その国の国民の判断に委ねたい。門戸を開いて文化交流を進めよう。そうすることで互いの理解が深まる。我々は、我が国の経済システムが、あ

(64) *Our Oriental Heritage*, 446.
(65) *Caesar and Christ*, 218.
(66) Seebohm, *The Age of Johnson*, xiii.

なた方の経済システムにとって代わられるのではないかといった心配はしていない。その逆の心配もまったく無用だ。それぞれのシステムが互いに学び合い、協力しながら平和に共存していくものと我々は信じている。三国が、適度な防衛体制を維持しつつ、不可侵条約を相互に結ぶのはどうだろう。それぞれの国が独立と独自性を保ち、自らの意志で署名した盟約によってのみ縛られる、そんな世界秩序がそこから生まれるかもしれない。この歴史への挑戦に、国家間の関係に礼儀と文明をとり込むこの試みに、あなた方にもぜひご参加いただきたい。全人類の前で、誠実にこれに取り組んでいくことを名誉にかけて誓うのだ。この歴史的な試みに失敗したとしても、従来の政策を継続した場合よりはよい結果が期待できる。そして成功すれば、すばらしい出来事として長い間人類の記憶に残るだろう」

これを聞いた将軍は冷ややかに笑う。「あなたは歴史の教訓をすべて忘れている。そしてあなたの述べてきた人間の性質についても。根源的な対立は交渉では決して解決できない。交渉が長引くと、その間に（歴史が示す通りなら）体制転覆の企てが裏で進む。世界秩序は紳士協定から生まれたりはしない。大国が決定的な勝利を収めて権力を手にし、国際法を押しつけるのだ。アウグストゥスからアウレリウスまでのローマを見ればわかる。平和が広がるのは不自然で例外的だ。そんな平和は、軍備の配置が変わるとすぐに終わる。人は好戦的であり、人が好戦的ならその国も好戦的で、現在は自然淘汰が国際的に進んでいると、あなたは言った。国が協力し合うのは、外から同じように攻撃を受けているときだけだろう。私たちは今、さらに高次の戦いへ向かおうとしているのかもしれない。他の惑星の野心的な種とコンタクトすることになれば、すぐに惑星間戦争が始まる。この地球に住む私たちは、そのとき初めて一つになるのである」

第12章

発展と衰退

私たちは文明を「文化的創造を促す社会的秩序」と定義した。(67) 文明とは、慣習、モラル、法によって守られる政治的秩序、生産と交換の継続によって保たれる経済的秩序である。そして、アイデア、文学、様式、芸術の創作、表現、実験、結実のための、自由と便宜による文化的創造でもある。それはまた、複雑で不安定な人間関係とも言えるが、苦労して築き上げても壊れるのは早い。

歴史には、滅亡した文明がなぜこうも多いのか。シェリーの詩「巨像オジマンディアス」のように、すべてのものは滅びる運命にあると、私たちに告

(67) *Our Oriental Heritage*, I.

げているかのようである。発展と衰退の過程に規則性があるとすれば、過去の文明がどのような道をたどったかを知ると、私たちの文明の未来を予測することができるのだろうか。

想像力に富んだ人はそれが可能と考え、細かい点まで予測してみせた。ウェルギリウスは『牧歌』第4歌で、いつか変化の流れが止まり、意図的か偶然か、全世界が遠い昔とまったく同じ状態に戻る、そして決定論的運命によって以前と同じ出来事がそっくりそのまま繰り返されると述べている。

Alter erit tum Tiphys, et altera quae vehat Argo
delectos heroas; erunt etiam altera bella,
atque iterum ad Troiam magnus mittetur Achilles——

「そのとき、もう一人のティピュスが現れ、（イアソンをはじめとする）
選ばれた英雄たちをもう一隻のアルゴ船が運ぶだろう。そして、また戦争が起き、偉大なアキレウスが再びトロイアへ送られよう」[68]。フリードリヒ・ニーチェは「永劫回帰」を見出し、精神の平衡を失った。哲学者がそのような考え方をするとは驚きである。

歴史は繰り返す。だが、それは概略においてのみである。将来も過去と同じように、新しい国が生まれて古い国が滅びるだろう。農業が始まって新しい文明が芽生え、商工業が発達して金融が栄えるだろう。思考は（ジャンバッティスタ・ヴィーコやオーギュスト・コントが論じたように）超自然的解釈から伝説的解釈、自然論的解釈へと変わっていく。新しい理論、発明、発見、失敗が知的な波を生みだす。新世代は旧世代に反抗し、抵抗、順応、反動と態度が変化する。モラルの実験が行われると伝統が揺らぎ、伝統から利益を得ている人々を脅かす。革新に対する興奮はやがて忘れ去られる。歴史が繰り返すのは、人間の性質の変化には長い時間を要し、飢え、危険、セックスのような何度も起きる状況や刺激に対する決まりきった反応しか身につけていないからである。しかし文明が発達して複雑化すると一人一人に違い

（68）*The Mansions of Philosophy*, 355; Toynbee, *A Study of History*, IV, 27f を参照。

が現れ、人はそれぞれが独自の存在となる。そして、新たな状況が生まれると、従来の本能的な反応とは異なる反応を示すことが求められる。習慣が後退し、理性が広がる。未来が過去と同じであるという確信はないのだ。年が改まるたびに新たな冒険が始まる。

歴史のゆるい法則性を理論的枠組みに納めようとする者も現れた。フランス社会主義の創始者、アンリ・ド・サン＝シモン（一七六〇〜一八二五年）は、過去と未来を「有機的」時代と「批判的」時代の繰り返しと考えた。

人間社会は二つの状態を交互に繰り返しながら発展してきた。その一つは有機的状態である。ここでは人のすべての行動が一つの理論によって分類され、予見され、規制され、社会活動の目的が明確に定義されている。もう一つは批判的状態である。ここでは共通の思考、共同体的行動、そして協調がすべて停止し、社会は相争う個人の集まりにすぎなくなる。

歴史はこの二つの状態をこれまでに二度繰り返した。初めの有機的時代はギリシア時代の前にあった。ギリシア時代は哲学の時代と言われるが、もっと的確に批判的時代と呼ばなければならない。その後、新しい教義が生まれ、さまざまな段階を経て西洋文明を支配する政治的権力が確立した。教会の成立は、有機的時代の新たな始まりだったが、これは一五世紀に終わった。宗教改革家が批判的時代の到来を告げ、それが今日まで続いている……

有機的時代にはすべての基本的（つまり神学的、政治的、経済的、道徳的）問題に対して、少なくとも何らかの解決策が講じられた。しかし、それによって新たな制度ができ、発展がもたらされると、それらの解決策は不適切なものとなり、時代が変わった。批判的時代――論争、抵抗……変化の時代――には疑念と個人主義が広がり、人々は大きな問題に無関心だった……人は、有機的時代には建設で忙しく、批判的時代には破壊で忙しい。(69)

(69) バザールの *Exposition de la Doctrine Saint-Simonienne* からの引用（Toynbee, *A Study of History*, I, 199. 所収）。

サン＝シモンは、社会主義が成立すれば、人々が共通の信念をもち、組織が団結し、協力的で安定した有機的時代が新たに始まると考えた。共産主義が新しい秩序として成功を収めると、サン＝シモンの分析と予測は正しかったことになる。

オスヴァルト・シュペングラー（一八八〇～一九三六年）は、歴史をいくつかの文明に分け、それぞれの変遷のようすを春夏秋冬という四つの段階、基本的には二つの期間に当てはめてとらえた。二つの期間の一方は求心的統合の期間で、このとき文化のあらゆる面が独自の一貫した芸術的な形に結びついていく。もう一方は遠心的崩壊の期間で、主義や文化が解体し、批判が生まれ、最後は個人主義、懐疑主義、芸術的逸脱の混乱状態となる。サン＝シモンは新しい統合体として社会主義に期待をかけたが、シュペングラーは（タレーラン同様）、整然とした、生きる芸術作品のような貴族主義の時代を懐かしんだ。

西洋社会は一八〇〇年頃を境に変わった――それ以前は豊かな自信に満ちた社会で、自らの成長によって形成され、ゴシックの時代の初めから、ゲーテ、ナポレオンの時代まで途切れることなく発達してきた。一方、それ以降、時代は秋に移った。知識人の作りだした形式の中で、大都市に住む人々は人工的で根無し草のような生活を送る……これはどの文明もたどる道で、変えようがない。それが分からない者は、歴史を理解しようなどと思わないことである。[70]

こうして見てくると、シュペングラーたちの見方は次の点で一致している。文明は芽生え、栄え、衰退し、消滅するのだ。あるいは、かつては勢いのあった流れが、淀んだ水たまりになって残っているとでも言おうか。何が文明を発展させ、何が文明を衰退させるのだろう。

(70) Spengler, *Decline of the West*, I, 353,90,38.

一七世紀には、人と人、あるいは人民と主権者との「社会契約」によって国が生まれると考えられていたが、これを真剣に受けとる学者はもういない。たぶん、ある集団が別の集団を征服し、征服者が被征服者への支配力を維持することで、国（つまり、政治的に組織化された社会）は生まれたのだろう。征服者の命令が最初の法律となる。これが慣習に加わって新しい社会秩序が生まれる。ラテンアメリカのいくつかの国は確かにこのようにして誕生した。地の利（例えばエジプトやアジアの川）を活かして国民を組織的に働かせると、経済的な見通しが立ち、蓄えもでき、文明のさらなる基盤が築かれた。支配者と被支配者間の危険な緊張関係が、未開部族の成り行き任せの毎日に、知的で情緒的な行動をもたらしたのかもしれない。異民族の侵入や日照りのような環境の変化が、成長を促すこともあっただろう(71)――そうした問題が生じると、軍事力の増強や灌漑用水路の建設が進められた。

では、問題に対処できるかできないかは何によって決まるのか。それは進取の気性に富んだ創造性豊かな人物がいるかどうかによって決まる。すなわ

(71) *Study of History*, I, 271f. でトインビーはまずこのような考え方を示す。

ち、明晰な頭脳と強い意志をもち（これは天才の定義に近い）、新しい状況に対して効果的な対応をとることができる（これは知性の定義に近い）人物である。創造的な人物がどのようにして生まれるのか、その答えを知るには、歴史から心理学、生物学――環境の影響や染色体の秘密――に目を転じなければならない。ともあれ、問題の解決に成功し（例えば一九一七年、一九三三年、一九四一年のアメリカ）、勝者が（一九四五年のイギリスのように）余力を残していれば、国民は高揚し、国のレベルが上がり、その後問題が生じてもさらにうまく対処できるだろう。

こうしたことが発展の源であるなら、衰退の原因はどこにあるのか。シュペングラーたちの言うように、文明は有機体であり、当然ではあるが不思議なことに、発展する力を与えられ、死を運命づけられていると考えるのか。生理学、あるいは物理学から類推して、社会の衰退の原因を寿命という本来の限界、あるいは回復不能な内部の力の減少に求めるのもおもしろそうである。個人の連携を細胞の集まりととらえる。銀行をでて銀行に戻るお金の循環を、心臓の収縮、拡張ととらえる。このように類推すると、とりあえず理解できる。しかし、集団をなす人々は有機体だが、集団は有機体ではない。集団は脳も胃ももたない。考え、感じるためには、そのメンバーの脳と神経が必要である。集団、あるいは文明が衰退するのは、寿命が尽きるわけではなく、政治的リーダーや知的リーダーが変化に伴う問題に対処できないからである。

問題はさまざまなところで生じる。同じ問題が繰り返し発生したり、いくつかの問題が同時に起きたりすると、深刻さが一段と増すだろう。雨が降らないと、大地が干上がり作物ができない。土地をきちんと管理せず同じ土地を使い続けると、土地がやせるだろう。奴隷を農場で働かせると、生産意欲が低いため都市の食料が不足するかもしれない。貿易の手段やルートが変わると（たとえば海、空が征服された場合）、文明の中心地だった都市が賑わいを失って衰退する。一四九二年以降のピサやヴェネツィアがそうだった。税金が上がると資本投資が控えられ、生産意欲も落ちるだろう。強力なライバルが現れると、海外市場を奪われかねない。輸入超過になると貴金属が流出する。富が集中すると、階級間、人種間で争いが生じ、国が乱れる。大都市に人口と貧困が集中すると、政府は補助金を支給して経済を弱体化させるのか、暴動や革命のリスクを負うのか、選択を迫られる。

経済が拡大すると不平等が深刻化し、社会は教養を身につけた少数の人々と、生来、あるいは何らかの事情で恵まれない環境にある多数の人々に二分される。この多数派が増えることは、少数派にとって文化面での脅威である。彼らの話し方、服装、娯楽、感覚、判断、思考が社会の上層部にも広がる。多数派による社会の粗野化は、教育機会、経済機会をコントロールする少数派が支払わなければならない代償の一つである。

教育が広まると宗教への信頼が薄れ、信仰は形だけのものとなり、人の行動を左右する力も希望を与える力も失われてしまう。人の生き方、考え方はどんどん俗っぽくなり、神の話や神への恐れはどこかへ行ってしまう。モラルコードは人間が生みだしたものであり、神が監視しているわけでも天罰が下るわけでもないことが知れわたると、オーラも力も失われる。古代ギリシアでは、哲学者が知識階級の古い信仰を打ち破った。近代ヨーロッパの多数の国でも同じようなことが起きた。プロタゴラスはヴォルテールになった。ディオゲネスはルソーに、デモクリトスはホッブズに、プラトンはカントに、トラシュマコスはニーチェに、アリストテレスはスペンサーに、エピクロスはディドロになった。古代でも近代でも分析的思考が、モラルコードを支えていた宗教の力を奪った。新しい宗教が生まれたが、支配階級からは切り離され、国に関与することはなかった。紀元前一世紀に合理主義が神話に勝利すると、懐疑主義、快楽主義の時代が始まった。そして、神が死んで（訳注10）一世紀を経た今日、似たような状況がみられる。

古いモラルコードが消滅し、新しいモラルコードがまだできていないその狭間で、解放された人々は贅沢や堕落に身を任せ、家庭や道徳は秩序を失い、ほんの一握りの人だけが古いやり方にしがみついている。「国に命を捧げるのは美しく名誉なことである」。そう考える人はほとんどいない。リーダー

訳注10
キリスト教的な神への信仰が薄れたことをニーチェは「神は死んだ」という言葉で表した。

シップを発揮できない国は、国内の争いで弱体化するだろう。さらに、戦争で大敗を喫すると、致命的な打撃になる。そして、教養のない異民族の侵入を許すと、国内の粗野化が一段と進み、文明は終わりを迎えるかもしれない。

これは気の滅入るような将来像だろうか。いや、そうでもない。命は、人でも国でも永遠のものではない。死は自然なことであり、時が来て死ぬのであれば許せるし、悪いことではない。道理をわきまえた人は死を平静に受け止める。だが、文明は死ぬのだろうか。そうとは言えない。ギリシア文明は死んでしまったわけではない。枠組みが失われ、居場所が変わって、広がっただけだ。ギリシア文明は民族の記憶の中で生き続ける。あまりに豊かなために、どれほど充実した長い人生を送ろうとも、一人の人間がそのすべてを吸収することはできない。ホメロスは当時自国で得ていた読者より多くの人に読まれている。ギリシアの詩人や哲学者の作品は、どんな図書館や大学にもおいてある。哲学の「無上の喜び」を発見した何十万人もの人々が、今このときもプラトンの研究を行っているのだ。こうした人々の存在は、文明が滅びないことのはっきりとした証である。

だが、国は滅びる。古くから開けていた土地が砂漠化する、あるいは別の変化が生じる。元気な男は道具と技術をもち、記憶とともにほかの土地に移る。教育の力でその記憶が深く幅広いものになっていれば、文明もその男とともに移住する。それは文明にとっても、もう一つの別の家が建つということである。新しい土地で男は一から始める必要はない。助けを得ることができる。胎児と胎盤がつながっているように、通信手段、交通手段が彼を母国とつないでくれる。ローマ帝国はギリシア文明を採り入れて西ヨーロッパに伝えた。アメリカはヨーロッパ文明の恩恵を受け、かつてなかったような伝達手段で、それを次に伝える準備をしている。

文明は何世代にもわたって受け継がれてきた民族の魂である。生き物が生殖によって死を乗り越えるように、老いてゆく文化はその遺産を次の世代、別の土地へと引き継ぐ。この原稿を書いているこの瞬間も、商業や印刷物、電線や電波が国や文明を結びつけ、人類の遺産を守っている。

第13章

進歩は本物か(72)

国もモラルも宗教も、生まれては消えていくことを考えると、人類が本当に進歩しているのか疑わしくなってくる。「新しい」世代は伝統的に、進歩したと見栄をはるものなのだろうか。有史以来、人間の性質はほとんど変わっていない。そうであるなら、技術の発達はすべて、昔と同じ目的――物を手に入れる、異性（あるいは同性）をものにする、競争に勝つ、戦争をする――を達成するための単なる新しい手段、と書きかえなければならない。二〇世紀という幻滅の世紀に発見された残念な事実は、科学は中立的という

(72) これに関しては *The Mansions of Philosophy* でも論じた。その文章の一部をここで用いている。

ことである。科学は人を癒しもすれば、殺しもする。新しいものを創りだし、あっという間に破壊する。「知は力なり」というフランシス・ベーコンの言葉は、もう適切とは思えない。中世やルネサンスの時代には、科学や力ではなく神話や芸術に重きが置かれたが、そのほうが賢明だったのかもしれない。私たちはもっと高尚な目的をもとうとはせず、手段の開発ばかりを続けている。

科学や技術の発達は恩恵をもたらしたが、それには弊害も伴っていた。快適さ、便利さを手に入れたことで、私たちは体力が落ちた。モラルまで低下したかもしれない。交通手段が大いに発達したが、犯罪のために使われることがあり、人や自分を死なせることもある。スピードは二倍、三倍、百倍と高速化した。しかし、時速三千キロメートルを達成しても、私たちは自分の足で歩いていた頃と同じ、パンツをはいたサルである。現代医学の治療法や手術はすばらしいが、病気以上に深刻な副作用が生じないともかぎらない。しつこい病原菌やさまざまな形で襲ってくる病気と闘う医師には感謝している。医学のおかげで寿命も延びた。しかし、病気や障害や暗い気分をかかえたまま生き長らえるのはどうだろう。その日、世界で何があったかを知る力、伝える力が飛躍的に増したが、村の出来事くらいしかわからなかった時代に生きていた人がうらやましくなることがある。熟練工や中産階級の生活状態も飛躍的に向上したが、都市にはまだスラム街が残っている。

神学から解放され、私たちは浮かれ気分になっている。だが、所有欲、好戦性、性欲などの本能が、強欲、犯罪、乱交などで文明の品性を落とさないよう、自然な倫理——宗教から独立したモラルコード——を私たちは作り上げたのか。不寛容な態度を私たちは改めたのか。それとも敵意を宗教の領域から、国家、イデオロギー、人種の領域に移動させただけなのか。私たちは以前よりマナーが向上しただろうか、それとも悪くなっただろうか。一九世紀のある旅人によると、「一般的に、東から西に行くにつれマナーが悪くなる。アジアはよくない。ヨーロッパはあまりよくない。アメリカの西の州はさっぱりだ[73]」。そして現在は、東が西のまねをしている。私たちの法は犯罪

(73) Bagehot, *Physics and Politics*, 110.（だれの言葉なのか、名は明らかにされていない。）
(74)『伝道の書』(1:18)

者を社会や国から過剰に守っていないだろうか。私たちは知性で消化しきれないほどの自由を認められているのではないか。社会やモラルの乱れが深刻化し、親が教会に駆け込んで、知的自由が犠牲になってもよいので子どもをしつけてほしいと頼むような事態にならないだろうか。人を慰め、節度ある行動をとらせる神話の役割を認めなかったデカルト以降の哲学は、失敗だったのではないか。「知恵が多くなれば悩みも多くなり、知識を増す者は悲しみを増す(74)」。

孔子以降、哲学に進歩はあったのか。アイスキュロス以降の文学はどうなのか。オーケストラが演奏する複雑な様式の現代音楽は、パレストリーナ〔訳注11〕の音楽より深遠なのか。素朴な楽器にあわせて歌われた中世のアラブ音楽より美しく心に響くのか（エドワード・レインはカイロの音楽家についてこう書いた。「私は彼らの歌に魅了された……これまで楽しんできたどんな音楽よりもすばらしかった(75)」）。現代の建築――大胆で独創的で堂々としている――と古代エジプトやギリシアの神殿、現代の彫刻とカフラーやヘルメス

訳注11
ジョヴァンニ・ダ・パレストリーナ。16世紀のイタリアの音楽家。「教会音楽の父」とも呼ばれる。

(75) Lane, Edward, *Manners and Customs of the Modern Egyptians*, II, 66.

の像、現代の浅浮き彫りとペルセポリスやパルテノン神殿の浅浮き彫り、現代の絵画とフーベルト・ファン・エイク、ヤン・ファン・エイクやハンス・ホルバインの作品。これらを比較するとどんな評価ができるだろう。「混乱を秩序に変えることが芸術と文明の本質である」[76]なら、現代のアメリカ、西欧の絵画は秩序を混乱に変えるものだと言えるのではないか、そして、文明が混乱のうちに瓦解しようとしている、そのシンボルとなっていないだろうか。

歴史には実にさまざまな出来事が詰まっているので、事例しだいで、どんな主張でも論証できる。明るい面に目を向けて論拠を選択すれば、希望のもてる主張をすることも可能である。しかし、ここでまず進歩とは何かを定義するのがよいだろう。もし、幸福が増すことを進歩とするなら、それは即座に却下されるだろう。人は不満のかたまりで、何度問題を乗り越えようと、何度理想を実現しようと、何か理由を見つけては文句を言っているからである。人類や宇宙を是認するに値しないものとしてはねつけるのは密かな喜び

(76) *Our Oriental Heritage*, 237.

である。平均的な子どもが大人や老賢人より高度に進歩した存在——なぜなら、この三者のなかで最も幸せなのは子どもだから——になるような定義は、ばかげている。もっと客観的な定義はできないだろうか。ここでは、環境をコントロールする力が増すこと、と定義することにしよう。これなら下等動物にも人にも使うことができる。

進歩は継続的である必要も、全般的である必要もない。成長途上の人が失敗したり、疲労したり、休憩をとったりするように、後退することもあるからだ。現段階で、環境のコントロール力が増していれば、進歩していると言える。歴史のどんな時代にも、進歩している国があれば、衰退している国もあるはずである。たとえば今は、ロシアが進歩し、イギリスが地歩を失いつつある。一つの国で、ある分野は進歩しているが別の分野は後退中ということもある。アメリカでは技術が発達しているが、グラフィックアートは不振である。アメリカやオーストラリアのような若い国にいる有能な人物に、画家や詩人、彫刻家、作家ではなく、実際的、独創的で、科学的思考を身につけた行動的なタイプが多いとすれば、それは、そういうタイプが求められているということである。環境をコントロールするうえで必要なタイプは、時代や土地によって異なる。ある時代のある土地で収められた成果を、過去の歴史から選びだされた最高の例と比較すべきではない。私たちが問題としているのは、平均的な人物が自分の環境をコントロールする力を増したかどうかである。

長期的視点から、不安定で無秩序で残忍な今の時代に生きる私たちと、無知、迷信、暴力、病が蔓延していた原始時代の人々を比較してみよう。すると、それほど暗い気持ちにはならない。文明国の最下層にいる人々は原始人とあまり大きくは変わらないかもしれないが、それより上の層にいる無数の人々は、知性の面でもモラルの面でも原始人の上を行く。複雑な都市の生活に疲れた私たちは、もっと単純と思われる未開社会に身をおいてみたいと夢想する。これが現実逃避であることはわかっている。若者はよく気分が変わるが、未開人に憧れるのも、自分の居場所がないと感じる思春期不適応の現れである。体に垢や虫がついておらず、ナイフをもっていなければ、「友好的な未開人」はすばらしいかもしれない。だが、今も原始的な暮らしをしている部族を対象に行われた調査で、子どもの死亡率が高いこと、寿命が短いこと、体力やスピードが劣ること、病気にとてもかかりやすいことがわかった。(77) 長い寿命が環境のよりよいコントロールを意味するのであれば、人は進歩したと言うことができる。ヨーロッパとアメリカの白人の寿命が、過去三世紀の間に三倍に伸びたからである。以前、葬儀屋の会議が開かれ、寿命の延びが業界を脅かしていることについて話し合われたという。(78) 葬儀屋が困っているなら、進歩は本物だ。

古代と現代を比較しても、古代に軍配が上がるとは言い切れない。現代社会から飢えがなくなったのは、実にすばらしいことである。自国民に十分食糧を行き渡らせ、そのうえ大量の穀物を外国に輸出しているところまである。迷信、蒙昧主義、宗教的不寛容をとりさった科学と、食糧、持ち家、快適さ、教育、余暇を広く行き渡らせた技術を、私たちはあっさり捨て去るこ

(77) Todd, *Theories of Social Progress*, 135.
(78) Siegfried, André, *America Comes of Age*, 176.

とができるのか。イギリス議会やアメリカ議会より、アテネの人民集会やローマの民会のほうがよいというのか。一部の者だけに参政権を与えるアッティカのやり方や、近衛軍が支配者を決めるやり方を支持するのか。人身保護令状、陪審裁判、宗教の自由、知的自由、女性の解放について規定した法より、アテネやローマ帝国の法のもとで暮らすほうがよいというのか。私たちのモラルは確かに低下しているが、両性愛者だったアルキビアデスに比べるとどうだろう。アメリカの大統領がペリクレスをまねたことがあったか。ペリクレスは学のある愛妾と暮らしていた。私たちは、立派な大学、多数の出版社、十分な公立図書館があることを誇りに思うべきである。アテネには偉大な劇作家がいたが、シェークスピアより偉大な者はいただろうか。アリストファネスの作品に、モリエールの作品と同じくらいの深みと人間味があっただろうか。デモステネス、イソクラテス、アイスキネスは、チャタム伯爵、エドマンド・バーク、シェリダンより弁が立っただろうか。ギボンよりヘロドトス、トゥキディデスのほうが上なのか。現代の小説ほど深みと広がりのある散文小説が古代にあっただろうか。古代の芸術の卓越性は認めてよいだろうが、パルテノン神殿よりノートルダム寺院のほうがよいという人もいるはずだ。アメリカに建国の父が、イギリスにフォックスやベンサム、フランスにヴォルテールやディドロが戻ってきたなら、私たちを責めるのではないだろうか。過去ではなく――ペリクレスやアウグストゥスの時代でもなく――今の時代を生きていることがいかにありがたいか、私たちはそれに気づいていない恩知らずであると。

私たちの文明も他の文明と同じように滅びるのではないかとあまり心配しないほうがよい。フリードリヒ2世はプロイセンの戦いで退却する兵士にこう尋ねた。「君たちは永遠に生きるつもりだったのか(79)」。生き物はおそらく新しい形をとるほうがよいのだろう。そして、文明や中心地も順に変わっていくのがよい。だが、台頭してきた東に対抗するための努力が、西を再び活気づける可能性もあるのだ。

偉大な文明が完全には滅びない――non omnis moritar（私のすべてが死

(79) *Rousseau and Revolution*, Ch. II, Sec. iii, William Coxe, *History of the House of Austria*, III, 379.

ぬわけではない）〔訳注12〕――のは前に述べた通りである。文明が成し遂げた偉業は、国の興亡に関わらず今日まで残っている。火や灯り、車輪をはじめとする基本的な道具、言語、文字、芸術、歌、農業、家族、子育て、社会組織、道徳、慈善。そして、家族や民族の知恵を次世代に伝えること。こうしたことが文明の基本的要素であり、古い文明が新しい文明にかわる危険な過渡期にも、これらはしっかりと守られてきた。人間の歴史はこのおかげで一つの流れとなっているのである。

教育が文明を伝える力であるなら、私たちはまちがいなく進歩している。文明は継承すればそれでいいのではない。新しい世代はそれについて学び、自分のものにしなければならない。一世紀の間、引き継がれないままになると、文明は滅び、人は未開人に後戻りするだろう。現代のいちばんの偉業は、すべての人が高等教育を受けられるよう過去最大の資金と労力の投入が行われていることである。以前は大学に通うのは贅沢で、進学するのは有閑階級の男子の半数だった。現在は大学の数が増え、博士号を取得する人もいる。

訳注 12
ホラティウスの詩集『カルミナ』にでてくる言葉。

古代の選り抜きの天才には及ばないかもしれないが、私たちの平均的知識レベルはどの時代よりも高い。

過去一万年間の誤りや迷信を、まだ教師が一掃していないことに文句を言うのは子どもくらいだろう。実験は始まったばかりであり、教育を進んで受けようとしなかった人や、親にあまり教育を受けさせてもらえなかった人の出生率が高いために、この実験は挫折することも考えられる。だが、すべての子どもが少なくとも二〇歳まで教育を受け、民族の大切な宝――知的な宝、芸術的な宝――を提供する大学、図書館、博物館を自由に利用することができれば、それはどのような実を結ぶのだろう。教育とは、事実やデータ、王の在位期間を頭に詰め込むことではない。社会に出て稼ぐのに必要な準備をすることでもない。知的、道徳的、技術的、美的遺産をできるだけ多くの人に引き渡すこと、それが教育である。それによって、よりよく人生を理解し、コントロールし、彩りを添えて楽しむことが可能になる。

私たちが今引き渡すことのできる遺産はとても豊かである。ペリクレスの遺産をもしのぐものだが、それは、彼以降のギリシア文化がすべて含まれているからである。レオナルド・ダ・ヴィンチの遺産をしのぐのも、彼とイタリア・ルネサンスのすべてが納まっているからであり、ヴォルテールの遺産より豊かなのはフランスの啓蒙思想がすべて入っているからだ。私たちが問題をかかえつつも本当に進歩しているなら、それは私たちが昔の赤ん坊より健康で賢明に生まれてきたからではなく、豊かな遺産を受け継いだからである。私たちを支える基礎となる台座が、知識と芸術の蓄積によって高められていたのだ。遺産が高く積み上げられていると、私たちも高い位置に立てる。

歴史とは、遺産の創造とその記録と言える。進歩とは、豊かな遺産を築いて守り、伝え、使うことである。人間の愚行と罪を戒めとするためではなく、創造的な人々がいたことを記憶するために歴史を学ぶと、過去は陰鬱な恐怖の部屋から「天の都」――心を自由に遊ばせることのできる広大な国――に変わる。そこでは多数の聖人や政治家、発明家、科学者、詩人、芸術家、音楽家、恋人たち、哲学者が今も生き続け、語り合い、教え合い、彫刻や歌を創りだしている。歴史家は人間の存在意義を見出すことができなくても嘆きはしないだろう。彼らにとって大切なのは人が何をしているかである。私たちは自分の人生を意味のあるものにしよう。死後も大切なものとして残る何かを成し遂げよう。幸運な人は亡くなる前に自分の民族の遺産をできるかぎりたくさん集めて、それを子どもに引き渡すだろう。そして最期のときまで、この尽きることのない遺産に感謝する。なぜなら、それは人を育む母であり、私たちの永遠の命であるからだ。

KAUTSKY, KARL, *Communism in Central Europe in the Time of the Reformation*. London, 1897.
LANE, EDWARD, *Manners and Customs of the Modern Egyptians*, 2v. London, 1846.
LEMAÎTRE, JULES, *Jean Jacques Rousseau*. New York, 1907.
PASCAL, BLAISE, *Pensées*. Everyman's Library. ——パスカル著『パンセ』塩川徹也訳、岩波書店、2015 - 2016 年
PAUL-LOUIS, *Ancient Rome at Work*. London, 1927.
Plato, *Dialogues*, tr. Jowett, 4v. New York: Jefferson Press, n.d. ——プラトン著『プラトン全集』田中美知太郎他訳、岩波書店、2005 年
PLUTARCH, *Lives*, 3v. Everyman's Library. —プルタルコス著『プルタルコス英雄伝』村川堅太郎編、筑摩書房、1996 年
RENAN, ERNEST, *The Apostles*. London: Methuen, n.d.
————, *Marc Auréle*. Paris: Calman-Lévy, n.d.
SÉDILLOT, RENÉ, *L'Histoire n'a pas de sens*. Paris, 1965.
SEEBOHM, FREDERICK, *The Age of Johnson*. London, 1899.
SIEGFRIED, ANDRÉ, *America Comes of Age*. New York, 1927.
SPENGLER, OSWALD, *The Decline of the West*, 2v. New York,1927. ——オスヴァルト・シュペングラー著『西洋の没落』村松正俊訳、五月書房、2015 年
THUCYDIDES, *History of the Peloponnesian War*. Everyman's Library. ——トゥキュディデス著『歴史』小西晴雄訳、筑摩書房、2013 年
TODD, A. J., *Theories of Social Progress*. New York, 1934.
TOYNBEE, ARNOLD J., *A Study of History*, 10v. London, 1934f.

［参考文献］（脚注でとり上げた文献）

ARISTOTLE, *Politics*. Everyman's Library.　――アリストテレス著『政治学』田中美知太郎他訳、中央公論新社、2009 年

BAGEHOT, WALTER, *Physics and Politics*. Boston, 1956.

CARTER, THOMAS F., *The Invention of Printing in China and Its Spread Westward*. NewYork,1925.　――T・F・カーター著『中国の印刷術その発明と西伝』藪内清他訳、平凡社、1977 年

COXE, WILLIAM, *History of the House of Austria*, 3v. London, 1847.

DURANT, WILL, *The Mansions of Philosophy*. New York, 1929.

DURANT, WILL and ARIEL, *The Story of Civilization*:

I. *Our Oriental Heritage*. New York, 1935.

II. *The Life of Greece*. New York, 1939.

III. *Caesar and Christ*. New York, 1944.

IV. *The Age of Faith*. New York, 1950.

V. *The Renaissance*. New York, 1953.

VI. *The Reformation*. New York, 1957.

VII. *The Age of Reason Begins*. New York, 1961.

VIII. *The Age of Louis XIV*. New York, 1963.

IX. *The Age of Voltaire*. New York, 1965.

X. *Rousseau and Revolution*. New York, 1967.

Encyclopaedia Britannica, 1966 edition.

GIBBON, EDWARD, *The Decline and Fall of the Roman Empire*, ed. Milman, 6v. New York: Nottingham Society, n.d.　――エドワード・ギボン著『ローマ帝国衰亡史』中野好夫他訳、筑摩書房、1995 - 1996 年

GOBINEAU, J.A.DE, *The Inequality of Human Races*. London, 1915.

GOMME, A. W., *The Population of Athens in the Fifth and Fourth Centuries B.C.* Oxford, 1933.

GOWEN, H. H., and HALL, JOSEF, *Outline History of China*. New York, 1927.

GRANET, MARCEL, *Chinese Civilization*. New York, 1930.

ISOCRATES, *Works*. Loeb Library.　――イソクラテス著『イソクラテス弁論集』小池澄夫訳、京都大学学術出版会、1998 - 2002 年

[インデックス]

名前の後の（　）内の数字は生年と没年である。但し、数字の前に「 r. 」がついている場合は、教皇や国の統治者としての在位期間を示す。年の前に「 fl. 」がついている場合は、活躍期を示す。脚注には「 * 」を付した。年はB.C. を付したもの以外、すべて紀元後である。

[あ行]

アーリア人…32-39
アイスキネス（389-314B.C.）…156
アイスキュロス（525-456B.C.）…151
アウグストゥス（r. 27B.C.-A.D.14）…30, 116, 126, 157
—と戦争…56, 78, 85, 91, 126, 130
—とパックス・ロマーナ…85, 104, 133
—のエジプト征服…78, 91
アウグスブルク…81
アウステルリッツ…98
アウレリウス
→マルクス・アウレリウス
アカイア人…36
アクティウムの海戦…85
アジア…37, 128, 141, 150
アショカ王（r. 273-232 B.C.）…126, 130
アステカ文明…38
アッシリア…39, 57
アッティカ…36, 110, 156
アテネ…36, 40, 110, 156
—とペロポネソス戦争…36, 56, 110
—における階級闘争…83-84, 112
—の民主制…33, 110-116, 121, 156
アフリカ…41, 128
アベラール, P.（1079-1142）…79
アメリカ…25, 27, 34, 41, 43, 55, 57, 61, 78, 108, 129, 153, 157
—の産業の発展…19, 55
—と西洋文明…128, 142, 147
—における進歩…153-156
—における富の集中…82-83, 86
—のアングロ・サクソン人…31, 43, 72
—の現代の絵画…152
—の農業と食糧生産…28
—の民主主義…103, 110, 118, 122, 142
—のモラルと宗教…55, 57, 61, 72, 74, 150
アメリカ革命…117
アメリカ独立宣言…24
アメンホテプ4世（r. 1380?-1362B.C.）…73
アモン信仰…73
アラブ…151
アリオスト, L.（1474-1533）…57
アリストテレス（384-322B.C.）…114, 145

アリストファネス（450?-385B.C.）…156
アルキビアデス（450-404B.C. 頃）…56, 156
アルゴス…114
アルプス人種…36, 38
アレクサンドリア…90
アレクサンドロス（r. 336-323B.C.）…12
アレティーノ, P.（1492-1556）…57
アングル人…37, 42
アングロ・サクソン法…117
アンコールワット…39
アントニウス, M.（83-30B.C.）…57, 85
アントニヌス・ピウス（r. 138-161）…104, 105
イエス・キリスト…11, 16, 35, 68, 70
イエズス会…66, 96-97
医学…149
イギリス…19, 28, 99, 108, 129, 157
　—とフランス…27, 126
　—と西洋文明…128
　—の経済…19, 25, 27, 153
　—の民主主義…122, 156
　—のモラルと宗教…58, 61, 69, 74
　ユートピアの建設をめざす—の水平派…98
イギリス人…35, 37, 126
イスラエル…20
イスラム…39, 79, 127
イソクラテス（436-338B.C.）…114, 156
イタリア…18, 30, 36, 41, 160
　—のモラルと宗教…57, 72
　—の共産党…129
異端審問…66
一夫一婦制…55
イノケンティウス3世（r. 1198-1216）…65
インカ…38, 96
イングランド…37, 42-43, 58
イングランド人…42, 47
インド…18, 36, 37, 73, 80, 129
ヴァラング人…37
ヴァンダル人…37
ヴィーコ, G.（1668-1744）…136
ヴィッテンベルク大学…58
ヴェストファーレン…98
ウェストミンスター信仰告白…70
ヴェネツィア…19, 143
ウェルギリウス（70-19B.C.）…78, 135
ヴォルテール, A.（1694-1778）…31, 58, 73, 78, 118, 145, 157, 160
ウンブリア人…36
エイク, H. van（1366?-1426）…152
エイク, J. van（1370?-1440）…152
エジソン, T.（1847-1931）…49
エジプト…13, 40, 151
　—の経済統制…89-91
　—の宗教…63, 73
　—の地理的優位性…18, 33, 141
　ローマによる—の征服…78, 91
エトルリア…40
エピクロス（342?-270B.C.）…145
エフェソス…40
エベール, J. R.（1757-94）…73
エラスムス（1466?-1536）…108
エンゲルス, F.（1820-95）…99
王安石（在職 1068-85）…94-95
黄金律…130
王政復古期のイングランド…58, 98

王莽（r. 9-23）…94
オーストラリア…37, 128, 153
オーストリア…18
お金…81, 87, 90, 108, 116, 142
オクタウィアヌス
→アウグストゥス
オスク人…36
オランダ…129
音楽…151

[か行]

カースト制度…36
カーライル , T.（1795-1881）…49
カール・マルテル（688?-741）…127
カール大帝（r. 768-814、r. 800-814）…37
絵画…152（「芸術」も参照）
階級…48, 77, 93, 121
—闘争…51, 61, 84-86, 103, 112, 115, 122, 144-145
快楽主義…74, 145
カイロ…151
カエサル（100-44B.C.）…27, 30, 57, 60, 85, 103, 116
価格…81, 88, 91, 93-94
科学…12, 121, 148-149, 155
—と宗教…56, 68-69
—と戦争…70, 73, 126
革命…81, 83, 99, 108-109
課税…83-84, 90-95, 114
寡頭制（寡頭政治）…105, 110, 111, 115
カトリシズム…31, 72（「ローマカトリック教会」も参照）
カナダ…28, 34, 122
カノッサ…65
カフラー（r. 2850 B.C. 頃）…151
ガマ , V. da（1469?-1524）…18
神の死…68-71
ガリア…27, 37
ガリア人…37
カリグラ（r. 37-41）…104
カルヴァン , J.（1509-64）…25, 31
カルタゴ…39
カント ,I.（1724-1804）…145
キーツ , J.（1795-1821）…79
機械（機械化）…55, 56, 69, 80, 87
キケロ（106-43 B.C.）…85
気候…16, 17, 41
貴族社会、貴族制…105-107
—と芸術…107, 120
—と政治…105-106, 115
北アメリカ…29, 33, 41, 129
ギボン , E.（1737-94）…58, 104, 156
キムメリオス人…36
ギャンブル…58
旧約聖書…90
教育…29-30, 155
—と宗教…56, 70-73, 144
—と人種間の対立…44
—と知性…29-30, 119
—と文明…147, 158-159
政府による—の支援…101, 121
11 世紀の中国における—…95
共産主義…97-99, 128-129
—と宗教…63, 72, 76, 97-98
ヨーロッパの—…129, 139
ロシアの—…99-100, 128
『共産党宣言』…99
競争…22, 46, 124, 148
経済的な刺激としての—…88, 101
生物学的教訓としての—…22-23, 26

「巨像オジマンディアス」…134
ギリシア…30, 145
　—における政治闘争…110-115
　—の植民地…18, 40
　—の征服…36, 60, 115
　—の文化と文明…38, 40, 145, 146, 151, 152, 160
　—のモラルと宗教…57, 60, 70, 145（「アテネ」も参照）
ギリシア人…47, 70, 77, 78
キリスト教…39, 64, 68, 69, 72
銀行家、金融業…78, 81, 113
クーパー , W.（1731-1800）…12
九月虐殺（1792 年）…79, 108
国の誕生…136, 141
クメール人…39
グラックス , C.（153-121B.C.）…85, 103, 116
グラックス , T.（162?-133B.C.）…84, 103
グラント , M.（1865-1937）…35, 38
クレオパトラ（r. 51-49, 48-30B.C.）…78
グレゴリウス 7 世（r. 1073-85）…65
クレタ島…36
クレタ文明…40
クレランド , J.（fl. 1749 頃）…58
クローヴィス（r. 481-511）…37
クロトナ—ギリシアの植民地…40
クロムウェル , O.（r. 1653-58）…98
君主制…103-105, 115, 116
経済史の三つの段階…53-56
経済発展…25, 119
芸術（芸術家）…38, 39, 43, 107, 120, 149
　ペリクレスの時代のアテネの—…110
　文明の一側面としての—…134, 152, 158-160
啓蒙思想—フランス…31, 69, 160
ゲーテ（1749-1832）…140
劇…110
ケルト人…41, 42
ゲルマニア…130
ゲルマン人…27, 35
厳格主義…74
言語…42-44, 158
建築…151
航空機—文明への影響…19
孔子（551-479B.C.）…151
ゴート人…37
ゴードン暴動（1780 年、ロンドン）…79
コーラン…31
国際法…125, 127, 133
黒色人種（黒人）…41
『国家』（プラトン）…112
国教会…74
ゴビノー伯爵（1816-82）…32
コペルニクス , N.（1473-1543）…68
コルキラ島（コルフ島）…111
コロンブス , C.（1446?-1506）…18, 38
コンスタンティヌス帝（r. 306?-337）…66
　—の寄進状…66
コント , A.（1798-1857）…136
コンモドゥス（r. 180-192）…105

[さ行]

最高価格令…91
再洗礼派…98
サクソン人…37, 42
サッポー（612?B.C. 生）…40

サハラ砂漠…16
サラセン軍…31
サラミスの海戦…18
サン＝シモン, H. de（1760-1825）…137-139
産業―経済史の一段階…53, 55-56, 60
産業革命…55, 71, 77, 98, 100, 128
三十年戦争…38, 66
サンスクリット語…36
シェークスピア, W.（1564-1616）…156
ジェノヴァ…19
ジェファーソン, T.（1743-1826）…117
シェリー, P. B.（1792-1822）…134
シェリダン, R. B.（1751-1816）…156
地獄という概念の消滅…70
システィーナ礼拝堂…70
七年戦争…126
シチリア…37
十戒…58, 64
使徒パウロ（67? 没）…35
司馬遷（145B.C. 頃生）…93
資本家…80, 86, 87, 88
資本主義…72, 87, 98-101, 128
『資本論』（マルクス）…99
社会契約…141
社会主義…76, 77-101, 137, 139
ジャクソン, A.（1767-1845）…110
シャマシュ神…64
宗教…42, 56, 62-76, 77, 144, 145, 156
宗教改革…31, 69, 72, 86, 97
宗教戦争―フランス…66, 126
十字軍…38, 78
ジュート人…42
自由と平等…25
自由放任主義…25, 95
出生率…26, 27, 29, 31, 38, 128, 159
シュペングラー, O.（1880-1936）…139-140, 142
シュメール…13, 88
狩猟―経済史の一段階…53-54
小アジア…35, 40
ショーメット, P. G.（1763-94）…73
食糧生産と人口…27-28
女性（女）…53, 55, 56, 58, 72, 110, 156
シラクーザ―ギリシアの植民地…40
シリア…39
シルウェステル 1 世（r. 314-335）…66
進化…22, 48
人口…27-29, 101
『人口論』（マルサス）…27
人種…32-44, 122
神聖同盟…131
新石器時代…54
進歩…148-161
　―の定義…152-153
スイス…31, 122
水平派…98
スウェーデン…122
スカルラッティ, D.（1685-1757）…59
スカンジナビア（北欧）…37, 130
スカンジナビア人…35
スキタイ人…35
スッラ（138-78 B.C.）…57
スパルタ…36, 40
スピノザ（1632-1677）…69
スペイン…31, 79, 97, 127
スペイン無敵艦隊…18
スペンサー, H.（1820-1903）…145

政教条約（1801 年）…74
聖書…31, 39, 69, 97
西洋の衰退…19
セックス（性）…50, 56, 61, 136, 150
セム族…39
戦争…21-27, 61, 67, 81, 100, 118, 124-133, 146
　—と科学…126, 148
　—とモラルと宗教…14, 31, 56, 57, 59, 70
　—における空の役割…19
　—の原因…79, 125-128
ソクラテス（470?-399B.C.）…56, 110, 112
ソフィスト…60, 72
ゾロアスター教…68
ソロン（638?-?558B.C.）…40, 83-84, 86, 110

[た行]

第一次世界大戦…38
大西洋…19
太平洋…19
多数者（派）と少数者（派）…50, 105-106, 144
タタール人…127
タラント—ギリシアの植民地…40
ダルダネルス海峡…78
タレーラン（1754-1838）…139
タレス（fl. 600B.C.）…40
ダン, J.（1573-1631）…68
ダンテ（1265-1321）…34
チェンバレン, H. S.（1855-1927）…34
地質学…16
地中海…19, 40, 115
地中海人種…36, 38
チャーチル, W.（1874-1965）…49
チャタム伯爵（1708-1778）…156
中央アメリカ…17
中国…18, 19, 38, 93, 95, 130
中世…64, 149
チュートン人…34, 41
彫刻…151
地理学…17
チンギス・ハン（r. 1206-1227）…68, 127
通商路（交易路）…19, 78
ディオクレティアヌス（r. 284-305）…91-92
ディオゲネス（412?-323B.C.）…145
ディドロ, D.（1713-84）…145, 157
ティベリウス（r. 14-37）…130
テーヌ, H. A.（1828-93）…109*
デーン人…42
デカルト, R.（1596-1650）…151
哲学…94, 138, 146, 151
　—と宗教…67, 68, 73, 145
　歴史と—…12-13
デムーラン, C.（1790-94）…37
デモクリトス（fl. 400B.C.）…145
デモステネス（385?-322B.C.）…156
デューラー, A.（1471-1528）…78
デロス同盟…78
デンマーク…122
ドイツ…18, 31, 35, 97
　—の三十年戦争…66
　—の食糧生産と出生率…28
　—の人種理論…34-38
トインビー, A. J.（1889-1975）…105*
トゥール・ポワティエの戦い…31, 127
トゥキュディデス（471?-?400B.C.）…111, 156

同性愛…57
東洋（東方）…19, 40, 78
ドゥラッツォ—ギリシアの植民地…40
ドーリア人…36, 40
独裁制…115, 116, 129
ドミティアヌス（r. 81-96）…104
富の集中…82-86, 106, 144
トライチュケ, H. von（1834-96）…35
ドラヴィダ人…39
トラシュマコス（fl. 5 世紀 B.C.）…56, 145
トラヤヌス（r. 98-117）…104, 105
トリチノポリー…39
奴隷（制）…36, 64, 66, 80, 82, 94, 117, 143
トロイア…78
トロツキー, L.（1877-1940）…100

[な行]

ナショナリズム…65, 79, 125
ナポリ—ギリシアの植民地…40
ナポレオン（r. 1804-14, 1815）…49, 63, 74, 140
ナポレオン戦争…38
ニース—ギリシアの植民地…40
ニーチェ, F.W.（1844-1900）…30, 136, 145
西ドイツ…129
西ヨーロッパ（西欧）…39, 57, 66, 78, 101, 118, 129, 152
　—の文明…21-43, 73, 128, 147
偽イシドール教令集…66
ニネヴェ…58
日本…19, 79, 129
ニューイングランド…43
ニュージーランド…128
ニュルンベルク…78
ヌマ・ポンピリウス（r. 715-673 B.C.）…64
ネルウァ（r. 96-98）…104
ネロ（r. 54-68）…104
農業（農耕）…20, 28, 60, 80, 81, 158
　—の機械化…87
　—技術の発達（進歩）…28, 29
　—の国による管理…89, 91, 94, 96
　経済史の一段階としての—…53-55, 69, 136
農奴制…92, 99
農民の反乱…86
ノートルダム寺院…157
ノルウェー…122
ノルマン人…37, 42

[は行]

バーク, E.（1729-97）…108, 130, 156
バークリー, G.（1685-1753）…19
売春…57
ハイドン, F. J.（1732-1809）…59
ハインリヒ 4 世（r. 1056-1106）…65
パスカル, B.（1623-62）…16
パスツール, L.（1822-95）…49
パックス・ロマーナ…85, 104
バックル, H.（1821-62）…16
バッハ, J. C.（1735-82）…59
ハドリアヌス（r. 117-138）…104, 105
バビロニア…39, 64, 89
ハムラビ（r. 1750?-?1708B.C.）…64, 89
パリ…74, 79, 81
バルカン半島…36, 40

パルテノン神殿…78, 152, 157
パルミラ…18
パレスチナ…39
パレストリーナ, G. da（1526?-1594）…151
汎神論…69
ピウス7世（r. 1800-23）…74
ピサ…19, 143
ピサロ, F.（1471-1541）…96
ビスマルク（1815-98）…103
ピット, W.→チャタム伯爵
ヒトラー, A.（1889-1945）…35, 79, 127
避妊…29-31, 54, 77
平等と自由…24
広島…130
『ファニー・ヒル』（クレランド）…58
ファリネリ, C. B.（1705-82）…59
フィリッポス2世（r. 359-336B.C.）…115
フィリピン…129
フィレンツェ…19, 37, 78, 81
フート, H.（fl. 1530）…98
フェニキア…39, 40
フォード, H.（1863-1947）…49
フォックス, C. J.（1749-1806）…108, 157
フッガー家…81
ブッダ（563?-?483 B.C.）…73
武帝（r. 140-87 B.C.）…93
プトレマイオス朝…89-91
不平等…24-25, 109, 144
プフベルク, M.（fl. 1788）…60
ブラジル…19
ブラック, J.（1728-99）…59
プラトン（427?-347B.C.）…18, 47, 71, 110, 145, 146
　—の政治的見解…112-117
フランク王国…27, 37
フランク人…27, 37
フランス…18, 19, 27, 37, 72, 105, 126, 127, 157
　—と教会…31, 65, 74
　—の宗教戦争…66, 126
　—の食糧生産と人口…27-29
フランス革命…37, 78, 86, 106, 108, 110
　—中の戦争…126
　—における宗教的問題…69, 75
　—の九月虐殺…79, 108
フランス人…47
フランス人権宣言…24
フリードリヒ2世（フリードリヒ大王）（r. 1740-86）…12, 126, 157
フリギア人…36
プルタルコス（46?-?120）…83
プロイセン…12, 157
プロタゴラス（5世紀B.C.）…145
プロテスタンティズム…117
プロテスタント…69
文学…41, 43, 58, 77, 90
　ギリシア—…60, 110, 151
　—と貴族…77, 107
　—と教会…72
文明…18, 20, 24, 60, 80, 134, 152, 157, 158
　—についてのシュペングラーの考え方…139-140
　—の発展と衰退…60, 134-136, 140-147
　—の定義…134
　—への航空機の影響…19
　気候と—…17

出生率と—…26
人種と—…33-35, 39-44
戦争と—…61, 124, 126
ヘーゲル（1770-1831）…100
ベーコン, F.（1561-1626）…68, 149
ベール, P.（1647-1706）…69
ペギー, C. P.（1873-1914）…11
ペトラ…18
ペトロニウス（66? 没）…63
ヘラクレイトス（6-5 世紀 B.C.）…40, 124
ペリクレス（495?-429B.C.）…110, 156, 157, 159
ペルー…96
ペルシア…36, 78
ペルセポリス…152
ヘルメスの像…151
ベルンハルディ, F. von（1849-1930）…35
ヘロドトス（5 世紀 B.C.）…156
ペロポネソス戦争…36, 56, 110
ベンサム, J.（1748-1832）…157
法、法律…23, 51, 52, 63, 71, 74, 117, 125, 134（「国際法」も参照）
ポープ, A.（1688-1744）…102
ポーランド…103
ホッブズ, T.（1588-1679）…145
北方人種…35-38, 40
ホメロス（9 世紀 B.C.）…146
ホラティウス（65-8B.C.）…78
ポルトガル…97
ホルバイン, H.（1497?-1543）…152
ポンバル（1699-1782）…97
ポンペイウス（106-48B.C.）…57, 116

[ま行]

マグナ・カルタ…117
マケドニア…37, 115
マドゥラ…39
マドラス（チェンナイ）…39
マナー…150
マニ教…68
マヤ文明…38
マラガ—ギリシアの植民地…40
マリウス（157-86B.C.）…57, 85, 103
マルクス, K.（1818-83）…49, 77, 79, 98, 100, 119
マルクス・アウレリウス（r. 161-180）…60, 104, 105, 133
マルサス, T.（1766-1834）…27-29
マルセイユ—ギリシアの植民地…40
マントヴァ公爵（fl. 1520-50 頃）…57
ミケーネ文明…40
ミケランジェロ（1475-1564）…70
南アメリカ…80, 128
ミュティレネ…114
ミュンスター…98
ミュンツァー, T.（1489?-1525）…98
ミラノ…37
ミレトス…40
民主主義（民主制、民主政治）…77, 88, 103-124 他
—と教育…119
—と富の集中…82, 106
アテネの—…33, 112-115
アメリカの—…110, 117-119
ムーア人…80
ムガル帝国…80
無産市民…116
無神論…73, 74
無政府主義…99
ムハンマド（570-632）…39, 49
メーストル, J. de（1753-1821）…76
メソポタミア…18, 33

メディチ家…78, 81
メネス王（r. 3500B.C. 頃）…64
毛沢東（1893-1976）…49
モーセ…64
モーツァルト（1756-91）…60
モールス , S.（1791-1872）…49
モナコ—ギリシアの植民地…40
モラル…44, 51, 52-61, 91, 106
　—と国…125, 134
　—と宗教…62-76, 144-145, 150
　現代における—の低下…60, 77, 136, 148, 149, 156
モリエール（1622-1673）…156
モルガン家…81
モンゴル…80, 127
モンテーニュ（1533-1592）…58
モンテスキュー（1689-1755）…16

[や行]

ユダヤ人…35, 39, 52, 64
ヨーロッパ…19, 58, 125-130, 150, 155
　—文明…147
　—の出生率…29, 38
　—の人種の違い…35-38
　—のモラルと宗教…39, 57, 58, 145（「西ヨーロッパ（西欧）」も参照）

[ら行]

ライデン , J. van（1509-36）…98
ライト兄弟…49
ラテンアメリカ…34, 141（「南アメリカ」も参照）
リクルゴス（9 世紀 B.C.）…40
リシュリュー（1585-1642）…103
理神論…69
リッタ伯爵（fl. 1755）…59
リベルム・ヴェト…103
劉氏（fl. A.D.20）…94
リンカーン , A.（1809-65）…120
ルイ 14 世（r. 1643-1715）…105, 107*
ルイ 15 世（r. 1715-1774）…107*
ルキウス・セルギウス・カティリナ（108?-62B.C.）…85
ルクレチウス（96?-55 B.C）…63
ルソー , J. J.（1712-78）…74, 78, 106, 118, 145
ルター , M.（1483-1546）…31, 58, 108
ルナン , E.（1823-92）…75, 104
ルネサンス…19, 37, 57, 78, 149, 160
レイン , E.（1801-76）…151
レーニン（1870-1924）…49, 99
レオナルド・ダ・ヴィンチ（1452-1519）…160
レスボス島…40
レッジョ・カラブリア—ギリシアの植民地…40
労働と失業…91, 92, 95
ローゼンベルク , A.（1893-1946）…35
ローマ（帝国）…30, 57, 60, 64, 115, 156
　—における階級闘争…84-85, 103
　—における社会主義…91-92
　—のエジプト征服…78, 91
　—のギリシア征服…115
　—の衰退…27, 37, 80
　—の文明…37, 40, 121, 147
　—のモラル…57, 60, 116
ローマカトリック教会…31, 65, 66, 69, 72, 86, 108, 125
　—と国…64, 65
　アメリカの—…31, 72
　フランスの—…70, 74

ローマ人…36, 42, 47, 104
ロシア…19, 80, 99-100, 108, 153
　—の共産主義社会…25, 76
　—の工業化…128
　—の初期の歴史…36-37
ロシア革命…80, 99-100, 108
ロスチャイルド家…81
ロベスピエール（1758-94）…74
ロンドン…79, 81
ロンバルド…37

[わ行]

ワグナー, R.（1813-83）…35
ワット, J.（1736-1819）…59

[英文]

A Study of History（Toynbee）…105*
Das Kapital（Marx）→『資本論』
Die Grundlagen des neunzehnten Jabrhunderts（Chamberlain）…34
Essai sur l'inegalite des races humaines（Gobineau）…32
Essay on Population（Malthus）→『人口論』
Memoirs of a Woman of Pleasure（Cleland）→『ファニー・ヒル』
Republic（Plato）→『国家』
The French Revolution（Taine）…109*
The Passing of the Great Race（Grant）…35

［著作一覧］

・ウィル・デュラント

The Story of Philosophy ——『西洋哲学物語（上・下）』（村松正俊訳、講談社学術文庫、1986年）
Transition
The Pleasures of Philosophy
Adventures in Genius

・ウィル＆アリエル共著

"The Story of Civilization"（文明の物語）
I. *Our Oriental Heritage*
II. *The Life of Greece*
III. *Caesar and Christ*
IV. *The Age of Faith*
V. *The Renaissance*
VI. *The Reformation*
VII. *The Age of Reason Begins*
VIII. *The Age of Louis XIV*
IX. *The Age of Voltaire*
X. *Rousseau and Revolution*

The Lessons of History（本書）

■著者紹介

ウィル・デュラント、アリエル・デュラント（Will Durant / Ariel Durant）

ウィリアム・ジェームズ・デュラント（1885-1981）と、アリエル・デュラント（1898-1981）は米国人歴史学者・哲学者の夫妻。1935年から1975年にかけて刊行された11巻にわたる超大作"The Story of Civilization"（文明の物語）によって哲学・歴史の著述家として世界的な評価を得た。1968年、同シリーズの10巻がピューリッツァー賞の一般ノンフィクション部門を受賞。1977年には、米国政府から市民に与えられる最高の栄誉の1つ、大統領自由勲章をフォード大統領から贈られた。

■訳者紹介

小巻靖子（こまき・やすこ）

大阪外国語大学（現大阪大学外国語学部）英語科卒業。

都市銀行調査部勤務。退職後、米国コネティカット州での生活を経て、翻訳の仕事に携わる。訳書に『カモメ課長！』（講談社）、『手塚治虫の芸術』（共訳、ゆまに書房）、『ブルーノート・レコード　妥協なき表現の軌跡』（共訳、ヤマハミュージックメディア出版部）などがある。

■翻訳協力　株式会社トランネット（http://www.trannet.co.jp/）

2017年2月3日 初版第1刷発行

フェニックスシリーズ ㊻

歴史の大局を見渡す
――人類の遺産の創造とその記録

著　者　ウィル・デュラント、アリエル・デュラント
訳　者　小巻靖子
発行者　後藤康徳
発行所　パンローリング株式会社
〒160-0023　東京都新宿区西新宿7-9-18-6F
TEL 03-5386-7391　FAX 03-5386-7393
http://www.panrolling.com/
E-mail　info@panrolling.com
装　丁　パンローリング装丁室
印刷·製本　株式会社シナノ

ISBN978-4-7759-4165-2